시간

시간

허동윤

㈜상지엔지니어링건축사사무소 대표이사로 '건축은 인문에 다름 아니다'라는 생각을 가지고 있다. 2007년부터 열린부산·도시건축포럼을, 2017년부터 상지인문학아카데미를 운영하고 있다. 2020년부터는 인문 무크지 『아크』를 발간하고 있다. 2023년 부산시 문화상 공간예술 부문 을 수상했다.

우리는 어떤 시간을 함께 살아가고 있는가

시간이 불공평하다고 생각했던 적이 있습니다. 누구에게는 넉넉히 주어지고, 누구에게는 늘 모자라는 것처럼 보였기 때문입니다. 어떤 이는 여유 속에서 성장하는 듯했고, 어떤 이는 숨 가쁘게 쫓기다 사라지는 것 같았습니다. 그래서 제게 시간은 각자의 환경에 따라 다르게 배분된 자원처럼 여겨졌습니다.

한때는 시간이 무한하다고 생각했던 적도 있습니다. 지금 하지 않아도 언젠가는 할 수 있을 것이고, 나중에야말로 진짜 시간이 시작될 것이라고 여겼습니다. '언젠가'라는 말 속에는 시간에 대한 근거 없는 낙관이 숨어 있었습니다.

지금의 나이가 되어 보니 시간은 불공평하지도, 무한하지도 않습니다. 불공평한 것은 시간을 돈으로 환산하지 않으면 살아가기 어려워진 사회의 구조였고, 시간을 쪼개도 늘 부족하다고 느끼게 만드는 삶의 방식이었습니다. 그렇다고 시간을 단순히 유한한 것으로만 규정할 수도 없습니다. 시간은 흘러가는 양이 아니라, 관계 속에서 생성되는 밀도에 가깝기 때문입니다. 누구와 시간을 나누었는지에 따라 같은 하루도 전혀 다른 의미를 갖게 됩니다.

우리는 흔히 "시간 좀 내달라"는 말을 합니다. 그 말은 단순히 여유 있는 시간을 말하는 것이 아닙니다. 관계를 만들기 위해 서로의 시간을 내어주고, 함께 시간을 보내자는 요청에 가깝습니다. 시간을 나눈 관계는 오래 남고 기억이 됩니다.

김치가 맛있게 익기까지는 시간이 필요합니다. 장을 담그는 것도 시간 속에서 발효의 과정을 거쳐야 맛을 얻습니다. 인간의 관계도 그렇습니다. 오랜 시간을 함께하면 숨길 것도 꾸밀 것도 없이 서로를 이해하게 됩니다. 그 시간은 그저 평온하지만은 않습니다. 오해와 이해, 갈등과 화해를 반복하면서 비로소 관계는 깊어집니다.

이번 아크 11호의 주제가 '시간'으로 정해졌다는 이야기를 듣고 우리가 어떤 시간 속에 살고 있는지, 그 시간이 어떻게 서로 엮여 있는지를 생각하게 됐습니다. 원고를 보내주신 17분의 필자들께 진심으로 감사드립니다.

시간을 다루는 일은 결국, 우리가 어떤 관계 속에서 살아가고 있는지를 묻는 일이기도 합니다. 이 책이 독자에게 새로운 시간을 제공하기보다, 자신의 시간을 다시 생각하게 하는 계기가 되기를 바랍니다.

고영란

월간 『예술부산』 기자, ㈔한국예술문화비평가협회 사무국장과 계간 『예술문화
비평』 편집장을 지냈다. ㈜상지건축 대외협력본부장으로 인문학아카데미를
기획, 진행하고 있으며 인문 무크지 『아크』 편집장이다.

Editor's letter

시간을 훌쩍 뛰어넘고 싶었습니다. 어른이 되면 뭐든 할 수 있을 거라 생각했으니까요. '나중에', '어른이 되면' 하고 생각했던 것들은 막상 어른이 되고 나니 대부분 시시해졌습니다. 실은 어른이 돼도 마음먹은 대로 되는 것은 별로 없기 때문입니다. 시간만 지나면 저절로 되는 것이 아니라 무엇이든 시간이 쌓여야 된다는 것을 그때는 몰랐습니다.

시간을 쌓는 것은 정성을 들이는 일입니다. 새벽에 정화수를 떠놓고 자식들이 잘되기를 바라는 어머니 마음도, 한 곡을 온전히 연주하기 위해 수없이 연습한 연주자의 마음도 모두 지극한 정성을 시간에 담았습니다.

보이는 것만 보고, 들리는 대로 믿었던 내 시간은 흘러가는 강물 같은 것이었습니다. 돌이켜보면 그렇게 더디게만 가던 시간이 어느새 폭포수를 만난 것처럼 소용돌이치면서 걷잡을 수 없이 흘러갔습니다.

요즘은 늘 '바쁘다', '시간이 왜 이렇게 빠르지'라는 말을 습관처럼 내뱉습니다. 기술의 발전으로 가사 노동 시간은 줄었는데 시간은 오히려 더 부족합니다. 더군다나 시간이 곧 돈이라고 생각하는 시대에서 '휴식'은 달콤한 시간이 아니라 돈을 벌지 않는 시간입니다. 모든 시간을 경제적 가치로 환산하게 되면서 아무것도 하지 않는 시간은 쓸데없이 낭비한 시간이 되어버립니다. 가만히 있지 못하고 계속 스마트폰을 들여다보게 되는 것도 그래서일 겁니다.

아우구스티누스는 시간이 무엇인지 묻는 순간, 그것을 설명할 수 없게 된다고 했습니다. 같은 시간이라도 저마다 느끼는 삶의 밀도가 같지 않기 때문입니다. 붙잡을 수도 없고, 설명할 수도 없는 '시간'을 아크 11호에 담았습니다.

「시간이 나에게 요구하는 것」최종엽은 '블루 타임'에 관한 글입니다. 시간은 누구에게나 공평하게 주어지지만 실제로 느끼는 시간은 사람마다 다릅니다. 같은 하루를 살아도 어떤 이는 성장하고 어떤 이는 그대로입니다. 필자는 그것을 미래의 강점을 만들어 가는 현재의 시간인 '블루 타임'으로 설명합니다. 일을 할 때 그 시간을 단순히 주어진 일로 생각하고 처리할 것인지, 미래의 강점을 만드는 시간으로 생각하며 임할 것인지에 따라 미래는 달라집니다. '블루 타임'은 현재의 시간이지만 미래의 자신을 만들어 가는 시간이 되는 거지요. 그것이 곧 성장이고 자기다운 인생을 빚어가는 길이라고 합니다.

「예술 속의 시간: 지속과 발생의 미학」_{김종기}은 그리스 신화에 나오는 시간의 신 '크로노스'와 '카이로스'를 통해 시간의 양면을 이야기합니다. 시계로 측정되는 시간은 우리가 살아있는 시간과 일치하지 않습니다. 철학과 예술은 기다림, 회상, 그리고 돌이킬 수 없는 상실 등 다양한 감정으로 구성된 삶의 시간을 '살아 있는 시간'으로 붙잡으려는 오랜 시도입니다. 사유하고, 사랑하고, 기억하는 모든 시간들이 모여 하나의 생이 되고 하나의 예술이 되기에 우리 삶 전체가 시간 위에 그려진 가장 깊은 예술이라고 필자는 말합니다.

「이 철없는 시절, 우리는 서로에게 무엇이 될 수 있을까」_{장현정}는 바쁜 사람이 능력 있는 것처럼 보이는 이상한 시대에 사람들은 왜 쉽게 소진되는지, 현대사회의 번아웃은 단순한 피로나 과로의 문제가 아니라 철학과 상상의 문제이고 삶의 방향과 감각에 대한 문제라고 말합니다. 좋은 삶이란 결국 '시간'의 문제이기에 무언가에 관심을 기울이는 '머무름'의 시간 속에서 생의 의미는 모습을 드러낸다고 합니다.

「현대물리학의 시간」김광석은 양자역학을 중심으로 본 '시간'입니다. 지구인 모두가 공유하고 있는 시간의 표준 눈금이 어떻게 만들어졌는지, 아무리 정밀하게 작동하는 시계를 사용해도 매일 수 초의 오차가 발생하는 데 대충 무시하고 살아도 되는지 등에 대한 이야기와 양자역학적 세상에서는 수많은 평행우주가 공존하며 다양한 경로의 역사가 가능하다는 이야기는 매우 흥미롭습니다. 초고속 이동 기술까지 지닌 미래의 인류가 경험하게 될 새로운 시간은 어떤 모습일지 필자인 과학자에게도 '시간'은 여전히 화두로 남아있다고 합니다.

「시간의 얽힘과 중첩」이성철에서는 원인과 결과로 이어지는 시간관에 익숙한 우리에게 일상, 즉 '지금-여기'에는 온갖 시제들이 뒤섞여있기에 고대부터 이어진 시간에 대한 통찰들을 살펴보고 "시간은 존재하지 않지만 그래도 우리를 지배한다"는 말을 전합니다.

「시간의 흐름을 응시해야할 때 보이는 것들: <히어>2025와 <원 배틀 애프터 어나더>2025」조재휘에서 필자는 긴 시간의 흐름에 빗댄다면 유한한 우리의 존재는 덧없는 찰나에 지날지 모르지만 세대는 유전되며 과거 세대의 '업'이 고스란히 이어져 다음 세상의 향방을 결정한다고 합니다. 시야를 당대에 국한하지 말고 역사의 흐름, 시간의 지평선 어딘가 한 지점에 놓여 있음을 깨닫기 위해서 시간 속에 있는 우리의 존재를 재인식하는 것으로부터 출발하자고 합니다.

「시간 이후의 인간: 생성과 소멸의 리듬 속에」최진석서 필자는 '시간은 단일하지 않으며, 하나의 척도로 환원되지 않는다. 그것은 인간의 리듬, 사회의 리듬, 그리고 인간 너머의 사물과 자연의 리듬이 얽혀 만들어지는 관계의 총체'라며 그 리듬의 차이를 탐색합니다. 시간을 다시 묻는다는 것은, 인간이 그 다성적 리듬 속에서 어떻게 살아가고 있는지를 묻는 일이라고 합니다.

「오늘 하루 점점이 그리울 글의 피멍울: 동학東學의 시간, 다석多夕의 시간」정훈은 삶과 죽음이 다르지 않고 죽음이 곧 개체의 소멸이나 또 다른 세계로 진입하는 것이 아니라 전체 우주 생명과 성령에 귀일하여 살아간다고 본 동학의 시간관과 현재의 순간을 중시하는 다석 유영모의 시간관을 통해 하늘을 그리워하는 바른 그리움을 간직하면서 살아가는 일의 중요성을 이야기합니다.

「시간의 틈, 시간의 예술적 재편」심상교은 설화의 시간, 신화의 시간, 그리고 민속극의 시간을 통해 예술 속에서 시간이 어떻게 재편됐는지 살펴봅니다. 특히, 전통 신화의 인물들이 현대 문화의 맥락 안에서 재탄생한 예를 들어 시간의 연속성과 변주에 대해 말합니다.

「시간, 애도, 기억: 엘프 프리렌이 내게 가르쳐준 것」박영신은 애니메이션 <장송의 프리렌>에서 무의미한 시간으로 여겨졌던 시간들이 친구의 죽음으로 인해 의미로 가득했던 시간이었다고 깨달아 자신만의 방식으로 친구의 장사를 지내는 주인공을 통해 애도에 대한 이야기를 꺼냅니다. 그리고 그 애도는 기억할 수 있는 동안에만 가능하기에 기억을 붙잡는 음악과 망각을 견디는 인간에 대한 사유를 보탭니다.

「'반공력曆'에서 '시민력曆'으로: 국가 기념일로 읽는 한국 사회의 변화」김민환는 국가 기념일에 대한 글입니다. 국가 기념일은 특정 국가가 다른 국민국가와 구분하는 '시간상의 경계선 긋기'의 역할을 해왔기에 그 자체로도 특정한 국민국가의 정체성을 반영한다고 합니다. 국가 기념일과 기념일이 될 수도 있었으나 되지 못한 날들까지 아울러 우리 사회의 변화를 살펴봅니다.

「Remind Story」전이섭는 양산에서 지역 어르신들의 기억을 문화자산으로 남기기 위해 구술 아카이브를 진행했던 필자의 경험을 풀어냈습니다.

「느리게 흐르는 시간 속에서 일본은 어디로 가는가?」류영진는 일본의 느린 시간이 가진 양날의 검과 같은 특성이 우리에게 무엇

을 이야기하는지 질문하고, 「건축, 도시, 기억 그리고 시간」차윤석
은 부수고 다시 짓는 것이 아닌 50년, 100년을 버티는 건축과 도
시가 우리에게 필요하다는 이야기를 하고, 「유산 속에 담긴 '시간'
의 의미」강동진는 세계유산의 진화와 발전을 살펴보고 그것들이
지금의 삶 속에서 계속해서 말을 건네는 이유는 그 시간 속에서
우리가 누구였는지, 지금 어디에 서 있는지, 그리고 어디로 가야
하는지를 배울 수 있기 때문이라고 합니다.

「모든 게 '시간문제'였다니!」조봉권는 전성기, 진화생물학, 그
리고 자신의 형에게 경의를 표하며 시간의 식성에 대한 생각을
이야기합니다.

「시간과 나이듦의 방식: 피와 염증 노화, 그리고 리듬에 관한
에세이」박병순는 몸의 시간에 대한 것으로 노화는 자연스러운 현
상이지만 그 속도를 결정짓는 '염증'은 조절할 수 있다는 확신으
로 연구와 임상에 몰두해 온 의사이자 과학자의 글입니다.

이렇게 '시간'을 주제로 한, 총 17편의 글은 시간을 정의하거
나 붙잡기보다 역사 속에서, 자신의 분야에서 그리고 각자의 삶
속에서 시간에 대한 이야기를 풀어냅니다. 필자들의 원고를 정
리하며, 그동안 부족했던 것은 시간이 아니라 시간을 대하는 태
도였을지도 모르겠다는 생각이 들었습니다. 무엇을 서두르고 무
엇에 머물 것인지, 무엇을 흘려보내고 무엇을 기억할 것인지를

선택하는 것은 결국 삶의 방향을 정하는 것과 같습니다. 이번 아크 11호 『시간』이 독자들의 시간 위에 잠시라도 머물렀으면 하는 바람입니다.

2025년을 보내고 2026년, 새해를 맞이하는 때입니다.
지금 여러분은 어떤 시간을 보내고 계신가요?

아우구스티누스는
시간이 무엇인지 묻는 순간,
그것을 설명할 수 없게 된다고 했습니다.
같은 시간이라도 저마다 느끼는 삶의
밀도가 같지 않기 때문입니다.
붙잡을 수도 없고, 설명할 수도 없는
'시간'을 아크 11호에 담았습니다.

최종엽

카이로스 경영연구소 대표로 경기도 안성 출생이다. 대학에서는 전자공학을 대학원에서는 HRD와 평생학습을 전공했다. 삼성전자에서 20년 일했으며 HR 컨설팅 회사를 15년 경영했다. 현재는 동양 고전을 공부하며 인문학 강연을 하고 있다. 2016년 전국 강사 경연대회 금상 수상, 대한민국 명강사(209호)로 선정되었다. 저서로는 20만 부를 넘긴 베스트셀러 『오십에 읽는 논어』를 비롯해 『오십에 읽는 순자』, 『블루 타임』 등 20여 권이 있다.

시간이 나에게 요구하는 것

1. 카이로스와 인생의 시간

크로노스와 카이로스

시간은 누구에게나 공평하다. 시계 초침은 늘 같은 속도로 움직이고, 달력은 매달 한 장씩 빠짐없이 넘어간다. 해가 뜨고 달이 지며, 계절은 바뀌고, 낮과 밤은 어김없이 찾아온다. 이런 시간이 고대 그리스 사람들이 말한 '크로노스Cronos'다. 누구에게나 똑같이 주어지는 연속의 시간, 측정할 수 있는 객관적 시간. 1분은 언제나 60초이고, 일주일은 언제나 7일이다. 그 길이는 누구에게도 다르지 않다. 분명하면서도 담담하게 흐르는 시간, 크로노스다.

　그런데 우리가 실제로 느끼는 시간은 다르다. 어떤 시간은 끝도 없이 늘어지고, 어떤 시간은 눈 깜짝할 새에 사라진다. 사랑하는 사람과 함께하는 저녁 식사의 한 시간은 너무 짧게 흘러가지만, 낯선 병원 대기실에서의 한 시간은 끝없이 길다. 아이를 안고 흔들리는 버스 안에서 버티는 한 시간은 더디게 지나가지만, 설레는 여행길의 한 시간은 찰나처럼 사라진다. 이것이 바로 '카이로스Kairos', 특별한 의미가 있는 시간이다. 카이로스는 단순히 흘러가는 시간이 아니라 삶에 새겨지는 시간이다. 다시 오지 않는 기회이자 인생의 방향을 바꾸는 전환점, 오래도록 기억 속에 남는 빛나는 순간과 쓰라린 순간의 시간, 카이로스다.

　직장에서 입사 동기로서 함께 보낸 5년의 크로노스도 카이로스의 관점에서 보면 그 의미가 다르다. 누구는 5년 동안 10년 같은 전문가로 강점을 키우는가 하면, 누구는 2~3년 차의 실력에 머무르며 강점보다는 누적된 피로와 무거운 마음만 남기게 된다. 같은 시간을 두고도 누구는 앞날을 넓히지만, 누구는 더 답답한 길로 빠지기도 한다.

　삶이 크로노스의 반복만으로 이어진다면, 우리는 매일 같은 하루를 살다 결국 사라지고 말 것이다. 그러나 그 속에서 의미와 가치를 발견하는 순간, 크로노스는 카이로스로 변한다. 진짜 시간 관리란 시계를 쫓는 일이 아니라 삶의 목적과 의미를 따라 시간을 살아내는 일이다. 잘 산다는 것은 끊임없이 흘러가는 크로노스의 강물 속에서, 단 한 번이라도 빛나는 카이로스를 건져 올릴 줄 아는 사람에게만 주어지는 선물이다.

세 가지 시간

우리는 흔히 "모든 것은 다 때가 있다"라고 말한다. 하지만 그 '때'가 언제인지 알기는 어렵다. 시간은 되돌릴 수도, 미리 당겨 쓸 수도 없기 때문이다. 인생을 살다 보면 답이 없는 문제를 만난다. 더 난감한 순간은 문제조차 보이지 않을 때다. 그래서 우리의 시간은 종종 뒤엉켜 버린다. 사람들은 누구나 나름의 방식으로 살아간다. 때로는 30년을 보내고서야 "이게 아닌데"라는 후회를 하고, 50년을 지나서야 남 탓을 하며 허망함을 느끼기도 한다. 어디서부터 어긋났는지, 언제부터 틀어졌는지를 찾는 일은 쉽지 않다. 그러나 시간을 세 결로 나누어보면, 삶의 결이 조금 더 선명해진다.

먼저 학시學時, Learning Time로 이는 학교에서 원리를 배우는 시간이다. 유치원에서 대학까지 이어지는 긴 여정 속에서 우리는 "5 더하기 5는 10"이라는 정의와 진리를 반복해서 익힌다. 해야 할 과제는 이미 정해져 있고, 정답은 존재한다. 이 시기에는 스승이 필요하다. 아직 응용할 힘은 부족하기에 기초를 쌓는 일이 중요하다. 때로는 반항하고 미숙함 때문에 흔들리지만, 그 것조차 성장의 일부다. 한 계단을 오르면 또 다른 계단이 기다리는, 비교적 단순하지만, 반드시 거쳐야 하는 시간, 그것이 학교에서의 시간이다.

다음은 직시職時, Work Time로 이는 일터에서의 시간이다. 사회에 나서면 이야기는 달라진다. 정답이 늘 존재하는 게 아니기 때문이다. "10을 어떻게 만들 것인가?"라는 질문 앞에 선다. 5+5만이 답이 아니다. 1+9도, 3+7도, 심지어 0+10도 가능하다.

직시의 시간은 스스로 선택해야 한다. 업무에서, 인생에서, 어떤 방법을 택할지, 어떤 길을 걸을지는 전적으로 나 자신에게 달려 있다. 이때는 스승보다 멘토가 필요하다. 정답을 알려주는 사람이 아니라, 길을 찾도록 빛을 비춰주는 사람이 필요하다. 직시의 시간은 양이 아니라 질로 채워져야 한다. 얼마나 오래 버티는가도 중요하지만 얼마나 밀도 있게 사는가가 더 중요하다. 그래서 직시의 시간은 늘 긴장이 따른다. 자칫 잘못하면 거대한 폭포 앞에 선 듯, 휘몰아치는 세월 속에 휩쓸려 버릴 수도 있기 때문이다.

마지막으로 인생시人生時, Life Time는 인생 후반전의 시간이다. 어느 순간, 반환점을 돌아 후반전에 들어서면 비로소 삶 전체를 돌아보게 된다. 이때 중요한 질문이 "나는 누구의 목표를 따라 살고 있는가?"이다. 나의 목표에 집중해 살아온 시간은 분명 의미가 있다. 그러나 남이 정해준 목표를 좇으며 보낸 시간은, 아무리 치열했더라도 공허함이 남는다. 인생의 무게는 단순히 얼마나 오래 살았는가로 결정되지 않는다. 내가 세운 목표에 얼마나 집중했는가, 그 목표가 진정 나의 것이었는가에 달려 있다. 후반전의 시간은 체력은 줄지만 정신은 오히려 더 깨어나기에 더욱 절실하다. 답 없는 하루는 견뎌낼 수 있지만, 공을 넣을 골대가 보이지 않는 삶은 버티기가 어렵다. 인생시의 시간은 '새로운 질문을 찾는 시간'이다. 지나간 50년을 후회하는 대신, 남은 시간 동안 내가 풀고 싶은 문제, 내가 반드시 풀어야 하는 문제를 찾아내는 일. 그것이 인생시의 과제다.

2. 삶은 기회

우리가 흔히 꿈이나 목표를 말할 때 가장 먼저 내뱉는 말은 "시간이 부족하다"는 변명이다. 그러나 꿈과 목표는 시간이 아니라 선택의 문제다. 도전은 언제나 아름답다. 결과가 실패라 해도, 도전하는 그 순간은 이미 의미로 가득하다. 문제는 애초에 "도전할 목표"조차 세우지 않는다는 데 있다. 가능성이 낮아 보인다는 이유로, 될 것 같지 않다는 이유로 시작조차 하지 않는다. 그래서 남의 성취에 박수만 보내며, 늘 관객석에 머무는 경우가 많은지도 모른다.

아이를 키워보면 이 사실은 더 선명히 다가온다. 초등학교 6학년 아이에게 "네 꿈이 뭐니?"라고 묻는 부모는 어떤 대답에도 믿음을 보낸다. 그림을 그리겠다고 해도, 과학자가 되겠다고 해도, '너는 안 돼'라는 생각을 하지 않는다. 노력한다면 분명 실현할 수 있다고 믿는다.

그러나 마흔다섯의 중년에게 "당신의 꿈은 무엇입니까?"라고 묻는다면 쉽게 답하지 못한다. 질문하는 사람이 누구냐에 따라, 그리고 자신의 처지에 따라 답이 달라진다. 후배 앞에서는 "불가능한 꿈"이라 말하면서도, 선배 앞에서는 여전히 "가능한 꿈"을 이야기한다. 결국 차이는 나이가 아니라 '믿음의 시선'에 있다. 꿈은 결코 나이의 함수가 아니기 때문이다.

하루는 누구에게나 24시간이다. 시간이 부족한 것이 아니라, 그 시간에 무엇을 해야 할지가 불분명한 경우가 많다. 가치 있는 목표가 생기는 순간, 시간은 다시 만들어진다. 몰두할 일이 있을 때 시간은 무의미하게 흘러가지 않는다. 오히려 천천히 쌓이며 삶을 깊게 채운다. 뒤돌아보면 깨닫게 된다. 시간이 우리를 버린 것이 아니라, 우리가 시간을 흘려보냈다는 사실을.

그래서 중요한 것은 "시간이 더 있었더라면"이 아니다. 바로 지금 원하는 일을 정하고 시작하는 것, 그것이 시간을 되찾는 길이다. 설사 10년 전으로 돌아간다 해도, 아무 일도 달라지지 않는다. 변화는 언제나 '지금 시작할 때' 일어나기 때문이다.

삶은 언제든 지금이 기점이다. 마흔이라면 앞으로 40년 이상을 설계할 수 있고, 쉰이라면 앞으로 30년 이상을 꿈꿀 수 있다. 지금 55세라 해도, 30세에서 지금까지의 25년을 다시 살아간다 해도 여전히 80세다. 이미 지나온 시간보다 더 많은 카이로스의 순간을 만들 기회가 남아 있다. 무엇보다 시행착오와 경험을 통해 우리는 과거보다 훨씬 단단해졌다. 그렇기에 지금은 오히려 과거보다 유리하다. 설사 백지에서 다시 시작한다 해도 그렇다. 지금까지 수십 년간의 경험과 배움이 시행착오를 줄여 줄 수 있기 때문이다. 시간이 없는 게 아니라, 그 시간을 채울 분명한 목표와 꿈이 부족했을 뿐이다. 간절한 꿈을 선택하는 순간, 시간은 다시 새로워진다. 삶은 언제나 기회이기 때문이다.

3. 블루 타임

오늘을 살아내는 레드 타임

하루 24시간은 누구에게나 공평하게 주어진다. 아침에 출근해 정해진 근무시간 동안 맡은 일을 하고, 보고서를 쓰고, 회의에 들어가고, 다시 집으로 돌아와 가정의 일을 챙긴다. 이를 레드 타임Red Time이라 부를 수 있다. 피 터지게 경쟁해야 하는 시간이다. 하지만 레드 타임은 우리를 지탱하게 해주는 시간이다. 경쟁이 필수지만 오늘을 버티고 삶의 의무를 다하는 데 꼭 필요한 시간임에 틀림이 없다. 그러니 레드 타임은 종종 무겁게 다가온다. 해야 하기에 하는 일, 반복되는 일은 우리를 지치게 하고, 때로는 공허하게 만든다. 오늘만을 살아내는 데 머문다면 내일의 나를 꿈꾸기 어렵기 때문이다. 지금도 이렇게 바쁜데 언제, 어떻게 더 나은 미래를 준비할 수 있을까 늘 궁금하기만 하다.

미래 강점을 만드는 현재의 시간, 블루 타임

그런데 같은 하루를 살아도 어떤 이는 성장하고, 어떤 이는 제자리걸음을 한다면 그 이유는 아마 블루 타임에 있을 가능성이 높다. 블루 타임Blue Time은 미래의 강점을 만들어 가는 현재의 시간으로 정의한다. 미래 자신의 브랜드를 만들어 가는 시간이다. 그런데 지금까지와 같은 일을 계속하면서도 그게 가능할까? 그렇다. 동일한 업무를 하면서도 마음을 바꾸는 순간, 레드 타임은 블루 타임으로 바뀐다.

인사 담당자를 예로 들어 하루 8시간 중 4시간을 채용 업무에 쓰고 있다고 가정하자. 그 시간을 단순히 '주어진 일'로만 여긴다면 지금까지처럼 그것은 레드 타임이 될 가능성이 높다. 하지만 "나는 미래에 국내 Top 5안에 드는 채용 전문가가 될 것이다"라는 관점으로 임한다면 이야기는 달라진다. 그 4시간은 월급을 받는 일만으로서의 시간이 아니라, 나의 미래 강점을 만드는 시간 즉 블루 타임이 되는 것이다.

'회사는 나에게 월급을 주면서까지 나를 미래의 채용 전문가로 만들고 있다'는 인식으로 바꾸면 시간 역시 그 의미가 바뀐다. 그러니 '블루 타임'은 따로 떨어져 있는 시간이 아니라, 일상의 업무 속에서도 미래와 연결되는 의식의 전환에서 시작된다.

블루 타임은 추상적인 말이 아니다. 구체적인 시간으로 계산해 보면 더 분명해진다. 인사 담당자가 하루 4시간을 블루 타임으로 쓴다면, 주 20시간, 1년에 1,000시간이 된다. 퇴근 후 하루 1시간씩 인사나 채용 관련 책을 읽는다면 연 250시간이 또 쌓인다. 토요일, 일요일 중에 5시간 정도를 학습과 독서에 투자한다면 연 250시간이 더해진다. 이를 모두 합치면 1년에 약 1,500

시간이다. 그리고 이 시간이 7년간 이어지면, 어느새 1만 시간의 블루 타임이 된다.

심리학자 에릭슨이 말한 '1만 시간의 법칙'처럼, 이 정도의 시간은 한 사람을 단순한 직장인이 아니라 진정한 전문가로 세운다. 처음에는 조금 더 집중한 시간이었을 뿐이지만, 그 시간이 쌓이고 이어지면서 어느 순간 차이가 되고, 결국 인생을 바꾼다. 블루 타임의 핵심은 노력의 양이 아니라 집중의 질이다. 같은 1시간이라도 건성으로 보내면 레드 타임이 되고, 몰입과 진심으로 채우면 블루 타임이 된다. 사람들은 시간이 없다고 말하지만, 사실은 시간이 없는 것이 아니라 블루 타임을 의식적으로 만들지 못했을 뿐이다.

시간은 누구나 풀어야 할 숙제

레드 타임과 블루 타임은 대립하지 않는다. 레드 타임은 오늘을 지켜주고, 블루 타임은 내일을 연다. 중요한 것은 그 둘을 어떻게 연결하느냐다. 레드 타임 속에서 의무만 다하면 우리는 오늘에 갇히지만, 그 안에서도 블루 타임을 만들면 오늘은 곧 내일을 준비하는 토대가 된다.

잘 산다는 것은 단순히 하루를 잘 버티는 것이 아니라, 하루 속에서 내일을 빚어내는 일이다. 회의실에서, 책상 앞에서, 책을 펼치는 순간에도 "이 시간이 나를 성장시킨다"는 의식이 들어가는 것, 그것이 시간을 바꾸고, 시간이 인생을 바꾼다. 블루 타임은 따로 생겨나는 크로노스 시간이 아니다. 시간을 바라보는 태도에서 만들어지는 카이로스 시간이다.

같은 하루라도 누구는 소모하며 살고, 누구는 쌓아가며 산다. 하루의 작은 블루 타임이 모이면 어떤 사람은 7년 만에, 어떤 사람은 10년, 13년이면 1만 시간이 가능하다. 20년을 조직 생활하고 나서도 앞으로 할 일이 없어 고민하는 사람이 한둘이 아닌 세상이다. 그러니 7년, 10년, 13년은 결코 긴 시간이 아니다. 어차피 가는 시간이기 때문이다. 오늘의 레드 타임 속에서 내일의 블루 타임을 만들어 가는 것, 그것이 곧 성장이고, 자기다운 인생을 빚어가는 길이다. 내일을 꿈꾸며 오늘을 살아내는 사람, 그 사람이 결국 자기만의 빛깔을 지닌 전문가로 서게 된다.

우리는 무심하게 무정하게 흘러가는 크로노스 시간, 의미를 만들고 가치를 높이는 카이로스 시간, 배움의 시간, 일의 시간, 인생의 시간, 경쟁의 시간 레드 타임, 축적의 시간 블루 타임 등 다양한 시간 속에서 살아간다. 시간이 바로 인생이기 때문이다. 시간은 누구나 풀어야 할 숙제이기 때문이다. 시간이 나에게 무엇을 줄 수 있는가를 묻지 말고, 시간이 나에게 무엇을 요구하는가를 물으며, 시간의 숙제를 풀어야 하지 않을까.

김종기

철학자·미학자이자 미술비평가. 베를린 훔볼트대학교에서 미학 및 사회철학으로 철학박사 학위를 받은 후, 부산대학교, 부산교육대학교에서 학생들을 가르쳤다. 부산미학연구회 회장, 민주주의사회연구소 부소장을 역임했으며, 부산의 여러 사회단체에서 '미학', '마르크스 철학', '니체 철학' 등으로 시민 강좌를 진행했다. 2018년에서 2023년까지 6년간 민주공원 관장을 역임했으며, 2024년 10월부터 부마민주항쟁기념재단 상임이사를 맡고 있다. 2015년부터 현재까지 '상지인문학아카데미'에서 시민들을 대상으로 미학을 가르치고 있다. 여러 지면을 통해 미술 비평과 미술 및 미학 관련 글을 기고하고 있다.

예술 속의 시간
: 지속과 발생의 미학

I. 시간, 가장 익숙하면서도 낯선

시간은 우리를 스치고 지나가지만, 우리는 그 흔적 속에서 살아간다. 눈앞의 시계는 똑같은 속도로 흘러가지만, 그 시간은 누구에게나 다르게 느껴진다. 기다림은 끝이 보이지 않을 만치 늘어나고, 기쁨은 한순간에 사라진다. 어떤 이는 찰나를 영원처럼 붙잡고, 또 다른 이는 한 생을 잃어버린 듯 지나친다.

그러나 우리는 여전히 시간을 '객관적'이라 부른다. 시계의 바늘이 돌고, 해가 지고, 계절이 바뀌는 그 균질한 흐름, 이것이 바로 크로노스Kronos가 지배하는 시간의 질서다. 하지만 인간이 경험하는 시간은 결코 시계의 리듬과 같지 않다. 예술은 바로 이

틈, 보이지 않지만 살아있는 시간, 그 내면의 리듬을 붙잡으려는 오래된 시도였다.

그리스 신화에서 시간의 신 크로노스는 아버지를 거세해 죽이고 새로운 시대를 연 신이었고, 동시에 자신이 낳은 자식들을 삼켜버린 신이었다. 이렇게 시간은 모든 것을 낳고, 다시 삼켜버린다. 아버지의 남근을 베어 죽이고 새로운 시대를 연 이 장면은 시간이 지닌, 모든 것을 낳고 동시에 삼켜버린다는 파괴적이면서도 필연적인 힘의 상징이다. 이처럼 크로노스가 의미하는 객관적 시간은, 인간의 의식이나 감정과는 무관하게 외부 세계에서 동일한 속도로 흐르는 물리적 시간, 즉 측정 가능한 실체로서의 시간이다. 크로노스의 시간은 끊임없이 흐르며, 그 어떤 존재도 그의 손아귀에서 벗어날 수 없다. 아비를 죽이고 지배자가 된 크로노스가 자신의 자식들을 삼키듯, 시간은 모든 것을 삼킨다.

이에 반해, 카이로스Kairos는 시간의 또 다른 얼굴이다. 그는 누구에게나 동일하게 흐르는 시계의 시간이 아니라, 삶 속에서 단 한 번 찾아오는 '결정적 순간', 운명이 방향을 틀어버리는 그 기회의 찰나를 주관하는 신이다. 그리스의 조각가 리시포스Lysippos, B.C. 4세기가 만든 「카이로스 상Statue of Kairos」그림1은 이 신의 본질을 놀라우리만치 정확히 시각화했다. 조각 속의 카이로스는 젊고 날개 달린 청년이다. 그의 이마 앞쪽에는 한 움큼의 머리카락이 있지만, 뒤통수는 완전히 대머리다. 이는 다가올 때는 붙잡을 수 있으나, 한순간 스쳐 지나가면 다시는 잡을 수 없

는 시간의 속성을 드러내는 형상이다. 그의 발뒤꿈치에 달린 날개는 기회가 얼마나 빠르게 날아가는지를, 그의 두 손에 든 저울은 지금 이 찰나가 얼마나 정밀한 균형 위에 서 있는지를 상징한다. 그는 신이지만, 인간의 손끝에서만 붙잡힐 수 있는 존재이다. 카이로스는 기다리는 시간이 아니라, 선택하는 시간이다. 그가 스쳐 지나가는 찰나를 붙잡을 수 있느냐 없느냐가, 인간의 운명을 갈라놓는다.

이렇게 시간은 두 얼굴을 갖는다.

하나는 모든 것을 삼켜버리는 필연의 시간, 다른 하나는 삶을 바꾸는 기회의 시간이다. 하나는 시계의 바늘을 따라 흘러가지만, 다른 하나는 인간의 의식 속에서 '지금'을 열어젖힌다. 철학자들은 이 두 얼굴의 시간 속에서 세계를 이해하려 했다.

플라톤에게 시간은 "영원의 움직이는 형상"이었고, 아리스토텔레스에게는 "운동의 수數"였다. 달리 말해 플라톤에게 시간은 영원의 질서를 감각적 세계 속에서 모방한 것으로, 생성의 세계를 영원의 세계와 닮게 만드는 장치였다. 반면 아리스토텔레스에게 시간은 운동의 변화와 질서를 세고 구분하기 위한 측정의 형식이었다. 그러나 이런 시간의 개념은 언제나 '크로노스의 시간', 곧 외부에서 동일한 속도로 흐르는 객관적 시간이었다.

하지만 인간이 경험하는 시간은 결코 균질하지 않다. 말하자면, 기다림의 시간은 길게 늘어지고, 사랑의 시간은 짧게 타오르며, 고통의 시간은 멈춘 듯 흐르지 않는다. 이처럼 인간의 내면에서 체험되는 시간은 '시계의 리듬'이 아니라, 의식의 리듬이다. 철학자 베르그송은 이를 '지속durée/duration'이라 불렀다.

그에게 시간은 더 이상 과거와 현재, 미래로 분절된 양적 흐름이 아니라, 하나의 질적 경험이며, 연속적으로 흘러가는 생명의 내적 운동이다. 베르그송은 『시간과 자유의지』에서 우리가 일상적으로 사용하는 시간 개념즉, 연, 월, 일, 시, 분, 초처럼 시간을 공간처럼 분할·측정 가능한 균질한 것으로 만드는 시간 개념을 "공간화된 시간"이라 부르며 비판했다. 우리가 시계의 눈금으로 시간을 쪼개는 순간, 그 시간은 이미 살아 있는 흐름이 아니라 죽은 단위가 된다.

반대로 '지속'은 나눌 수 없는 생명의 흐름이다. 음악의 선율이 하나의 음이 끝나기도 전에 다음 음으로 스며들 듯, 의식 속의 시간은 서로 침투하며 확장된다. 우리는 기억을 통해 과거를 현재 속에 불러오고, 기대를 통해 미래를 현재 속에서 준비한다. 이런 의미에서 '지속'은 과거·현재·미래가 서로 스며드는 의식의 리듬이며, 인간 존재의 내면적 시간성이다. 따라서 베르그송에게 시간은 물리학의 대상이 아니라, '살아 있는 생명의 형식'이다. 바로 이 지점에서, 시간은 더 이상 물리적 현상이 아니라 존재의 문제가 된다. 베르그송의 지속은 단순히 '시간의 철학'이 아니라, 인간이 어떻게 세계와 더불어 살아 있는지를 묻는 존재의 사유다.

하이데거는 『존재와 시간』에서 "시간성은 존재 이해의 지평"Zeitlichkeit ist der Horizont des Verstehens von Sein이라 말한다. 그가 인간을 가리키기 위해 사용한 개념인 '현존재'Dasein는 단순히 '지금 여기 있는 존재'가 아니라, 자신의 존재를 물을 수 있는 세계-내-존재In-der-Welt-Sein이다. 이때 독일어 'da'는 문자 그대로는 '여기'here를 뜻하지만, 하이데거는 그것을 존재자가 드러나는 열린 자리, 즉 "세계 안에 놓임"In-der-Welt-sein을 가리키는 말로 확장한다. 세계 안에 놓인다는 것은 어떤 상황에 처해 있음을 의미한다. 따라서 현존재Dasein는 언제나 어떤 상황의 세계 속에 내던져져 있으며, 나아가 그 상황은 과거·현재·미래의 시간적 차원과 분리될 수 없다. 이런 의미에서 현존재는 시간을 '가지고 있는' 존재가 아니라, 시간 속에서 자신을 구성하는 존재, 즉 시간적 존재Zeitlichkeit이다. 이러한 점에서 인간은 시간을 측정하는 존재가 아니라, 시간을 살아내는 존재, 시간 속에서 스스로 구성하고 이해하는 존재이다. 다시 말해 인간은 미래를 향해 나아가며, 과거를 해석하고, 현재 속에서 자신을 구성하는 시간적 존재이다.

따라서 크로노스의 시간은 우리를 지배하는 시간이지만, 카이로스의 시간은 우리가 스스로 선택하고 창조하는 시간이다.

전자는 우주의 리듬이며, 후자는 인간의 리듬이다. 시간은 이렇게 물리와 의식, 필연과 가능성 사이를 오가며 우리 존재의 근원을 비추는 거대한 거울이 된다.

아우구스티누스는 『고백록』에서 다음과 같이 말한다. "…시간이란 무엇인가? 아무도 내게 묻지 않으면, 나는 안다. 그러나 묻는 그에게 내가 설명하고자 한다면, 나는 모른다." 아우구스티누스는 시간의 세 차원을 첫째, 현재의 과거기억 memoria, 둘째, 현재의 현재직관 혹은 주의 attentio, 셋째, 현재의 미래기대, expectatio로 구분한다. 다시 말해, 우리가 말하는 과거, 현재, 미래는 모두 의식 속의 '현재적 행위'로서만 존재한다. 따라서 시간은 외부에 객관적으로 존재하지 않고, 인간의 정신이 경험하는 '내적 시간'이다. 이 때문에 아우구스티누스가 고백하는 시간의 이 역설은 시간이 외부에 존재하는 것이 아니라, 우리의 의식이 그것을 경험하고 구성하는 과정 속에서만 드러난다는 사실을 보여준다.

시계의 숫자로 측정되는 시간은 결코 우리가 살아 있는 시간과 일치하지 않는다. 삶 속의 시간은 기다림, 지루함, 회상, 그리고 돌이킬 수 없는 상실의 감정으로 구성된다. 철학과 예술은 바로 이 '살아 있는 시간'을 붙잡으려는 오랜 시도였다.

II. 예술 속의 시간: 순간, 지속, 그리고 리듬

시간은 눈에 보이지 않지만, 예술은 언제나 그것을 '보이게 만드는' 시도를 해왔다. 회화와 조각, 사진과 영화는 시간의 흔적을 공간 속에 새기는 방식으로 존재한다. 미술은 본래 정지된 공간예술이지만, 그 표면 위에는 언제나 시간의 층위가 흐른다. 붓의 흔적, 물감의 두께, 빛의 방향, 사물의 그림자, 인물의 표정 하나하나가 시간을 품은 흔적이다. 예술은 바로 이 '정지 속의 흐름'을 드러내는 언어이다.

1. 고전적 시간: 질서와 영원의 표상

르네상스의 화가들은 시간을 가능한 한 정지시키려 했다. 그들의 이상은 변하지 않는 '영원'이었다. 레오나르도 다 빈치의 「최후의 만찬」1498에서 예수와 제자들은 한순간의 극적 사건을 담고 있지만, 그 장면은 마치 시간이 멈춘 듯 질서정연하다. 원근법은 모든 시선을 한 초점으로 수렴시켜, 공간과 시간을 신의 질서 안으로 포섭한다. 미켈란젤로의 「천지창조」 또한 찰나의 행위를 영원의 이미지로 고정시킨다. 인간의 움직임은 생생하지만, 그들은 결코 노쇠하지 않는다. 이렇게 '고전미'란 시간의 흐름을 지워버린 형식적 불변의 질서, 즉 '크로노스의 정지된 얼굴'이었다.

2. 근대의 시간: 변화와 순간의 미학

그러나 산업혁명과 도시화, 속도와 기계의 시대는 인간의 시간 경험을 근본적으로 바꾸었다. 인상주의 화가들은 더 이상 영원을 그리지 않았다. 그들은 '지금-여기'의 빛과 공기의 진동을 포착하려 했다. 모네의 「루앙 대성당 연작」그림 2,3은

／ 그림 2, Monet, Rouen Cathedral in Full Sunlight, 1893, Oil on canvas, 107 x 73 cm, Musée d'Orsay, Paris

같은 장소를 시간대별로 달리 그리며, 빛의 변화가 만들어내는 시간의 흐름을 시각화한다. 고정된 피사체는 사라지고, 남는 것은 '지속하는 변화' 그 자체다. 르누아르의 인물들은 순간의 생명감을, 드가의 무용수들은 찰나의 동작을 붙잡는다.

이때 화폭은 더 이상 정지된 공간이 아니라, 시간의 흔

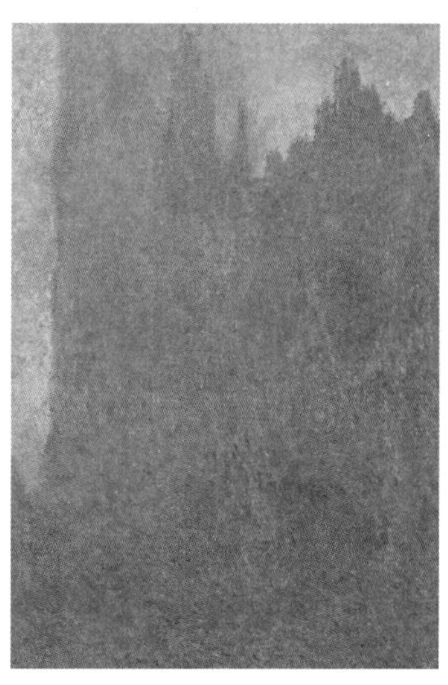

／ 그림 3, Monet, Rouen Cathedral in the Fog, 1894, oil on canvas, 101 x 66 cm, Museum Folkwang, Essen Germany

적을 담은 '감각의 필름'이 된다. 인상주의자들은 베르그송의 '지속durée'을 시각적으로 번역한 첫 번째 예술가들이었다.

3. 내면의 시간: 기억과 의식의 흐름

20세기에 들어서면서 예술은 외부 세계를 재현하는 데서 벗어나, 내면의 시간과 의식의 심층으로 시선을 돌렸다. 마르셀 프루스트가 『잃어버린 시간을 찾아서』에서 기억의 무의식적 층위를 탐색하며 '잃어버린 시간'을 되찾으려 했듯, 미술가들 역시 의식과 무의식이 교차하는 시간의 리듬을 포착하려 했다. 프루스트에게 기억은 비자발적인 것으로서, 단순히 과거의 재현이 아니라, 무심코 떠오른 감각 속에서 돌연히 현재로 되살아나는 무의식적 사건이었다. 어린 시절에 먹었던 마들렌 조각을 홍차에 적셔 맛보는 순간, 잊었던 콩브레Combray의 풍경과 유년의 감정이 한꺼번에 되살아나듯 말이다. 그는 바로 그 찰나에 과거와 현재, 시간의 단절과 연속이 하나로 만난다고 보았다. 이처럼 예술은 더 이상 사건을 기록하는 도구가 아니라, 시간을 감각화하고 사유하게 만드는 실험장이 된다.

살바도르 달리의 「기억의 지속」1931은 그 전환의 상징이다. 캔버스 위에서 시계는 고체의 형태를 유지하지만, 그 물리적 기능은 녹아내리며 무의미해진다. 시간은 더 이상 객관적 측정의 대상이 아니라, 의식 속에서 변형되고 왜곡되는 심리적 흐름으로 드러난다. 달리의 녹아내리는 시계는 프로이트의 무의식과 꿈의 논리, 그리고 상대성 이론 이후의 유동적 시간 개념을 시각적으로 번역한 것이다.

그림 속 침묵의 공간에서 시간은 멈춘 듯하지만, 그 멈춤 속에서 오히려 기억과 욕망의 운동이 일어난다. 즉, 시계가 녹아내리는 순간, 예술은 물리적 세계의 질서를 벗어나 정신의 시간, 곧 '내면의 지속'을 드러낸다. 달리의 초현실적 장면은 우리에게 묻는다.

"시간이 사라질 때 무엇이 남는가?"

그것은 사라지는 것이 아니라, 의식의 심연 속에서 끊임없이 생성되는 순수한 경험의 흐름, 곧 예술 그 자체이다. 달리의 시계는 그 흐름 속에서 시간의 본질이 물리에서 심리로, 외부에서 내면으로 이행하는 순간을 우리에게 보여준다.

4. 현대예술의 시간: 사건과 생성의 미학

20세기 후반 이후, 시간은 더 이상 표상될 수 있는 것이 아니라 '경험되는 것'으로 변했다. 퍼포먼스 아트, 비디오 아트, 설치 미술은 시간 자체를 작품의 재료로 삼는다. 마리나 아브라모비치Marina Abramović의 「The Artist is Present」2010그림4에서 작가는 수백 시간 동안 의자에 앉아 관객과 마주 본다. 이 작품에서 시간은 더 이상 배경이 아니라, 예술의 본체이다. 그 지속 속

에서 감정과 관계가 생성되고, 관객은 '공유된 시간' 속에서 예
술을 체험한다.

／ 그림 4, Marina Abramović, The Artist is Present, 2010, Museum of Modern Art, New
York, 9 March - 31 May 2010. https://commons.wikimedia.org/wiki/File:Marina_
Abramović,_The_Artist_is_Present,_2010.jpg

4-1 들뢰즈의 시간론: '순수한 지속durée'과 '사건event'의 시간

들뢰즈는 『베르그송주의Bergsonism, 1966』에서 베르그송의 지
속durée/duration 개념을 발전시켜, 시간을 단순히 흘러가는 연
속이 아니라, 끊임없이 차이를 생산하는 생성의 장으로 이해했
다. 그에게 시간은 고정된 틀 안에서 사건이 일어나는 배경이 아
니라, 존재가 자신을 갱신하는 운동 그 자체이다.

                                                          아크

아브라모비치가 「The Artist is Present」에서 수백 시간 동안 움직임 없이 앉아 있는 행위는 '측정 가능한 시간크로노스'을 거부하고, 질적 시간, 즉 베르그송적 의미의 지속으로 전환된다. 그 시간은 직선적 흐름 속의 과거·현재·미래가 아니라, 서로 스며들고 중첩되는 '순수한 지속'이다. 이 지속은 단순한 연장이 아니라, 의식과 신체, 기억과 감정이 교차하는 내면적 진동의 장이다.

관객이 작가와 마주 앉는 순간, 두 개의 서로 다른 지속이 교차하여, '사건event'이 발생한다. 들뢰즈에게 이 사건은 단순한 물리적 발생이 아니라, 존재가 변형되는 순간, 즉 감각과 사유가 새롭게 조직되는 '차이의 생성'이다. 따라서 이 퍼포먼스의 본질은 '시간의 재현'이 아니라, 시간이 스스로 발생하고, 체험으로 체현되는 장면이다.

이러한 의미에서 「The Artist is Present」는 들뢰즈가 『시네마 2: 시간-이미지』에서 말한 '시간-이미지time-image' 개념을 가장 순수하게 체현한 퍼포먼스적 구현이다. 여기서 이미지는 사건을 재현하지 않고, 시간 그 자체가 감각적으로 드러나는 상태가 된다. 아브라모비치의 침묵 속 지속은 영상이 아닌 신체적 '시간-이미지'로서, 관객의 내면에 잠재된 감정과 기억을 호출하며, 예술을 사유의 공간이자 생성의 과정으로 변환시킨다.

4-2 몸과 감정의 리좀: 가타리의 '기계적 주체'와 관계의 생성

들뢰즈와 가타리는 『천 개의 고원』에서 예술을 식물의 땅속줄기인 리좀rhizome처럼 이해했다. 리좀은 어디서나 연결되고, 끊어져도 다시 이어지는 땅속줄기이다. "리좀은 시작도 끝도 없다. 그것은 언제나 중간에 있으며, 사물들 사이에, 존재들 사이에, 틈새 속에 있다."Deleuze & Guattari, 『A Thousand Plateaus: Capitalism and Schizophrenia』, Minneapolis: University of Minnesota Press, 1987, p. 25. 그것은 중심이 없는 다중의 연결망이자, 끊임없이 생성과 변형을 일으키는 '생성의 장'field of becoming이다. 이처럼 예술은 중심이 있는 닫힌 구조가 아니라, 감각, 사유, 물질이 다중으로 얽히며, 신체와 시간의 흐름이 서로를 관통하며 확장하는 개방적 흐름이다. 따라서 리좀적 예술은 완결된 작품이 아니라, 항상 '되는 중'in the making의 상태에 있다.

아브라모비치의 「The Artist is Present」에서 작가와 관객은 더 이상 고정된 주체와 객체로 나뉘지 않는다. 그들의 시선, 호흡, 침묵, 미세한 움직임은 서로를 통과하며 정동affect의 진동을 만들어낸다. 이 정동은 감정의 표출이 아니라, 신체들 사이에서 발생하는 에너지의 흐름, 곧 들뢰즈와 가타리가 말한 정동적 기계affective machine의 작동이다. 이때 예술은 개인의 표현이 아니라, 관계적 공명relation resonance의 형태로 존재한다.

이 관계적 장은 들뢰즈-가타리가 제시한 '기계적 아장스망

agencement/배치'의 구체적 예이다. 예술가의 신체, 관객의 신체, 시간, 공간, 그리고 그들 사이의 공기가 하나의 생성적 배치로 결합하며, 매 순간 새로운 존재론적 형식을 만들어낸다. 이 안에서 관객은 더 이상 수동적인 감상자가 아니라, '공동 창작자'co-creator로서 작품의 일부가 된다.

따라서 이 퍼포먼스에서 예술은 하나의 완결된 결과물이 아니라, 진행 중on going인 사건event, 즉 발생하는 예술이다. 시간은 재현되지 않고, 선택과 행위가 맞닿는 질적 시간, 곧 카이로스의 순간으로 드러난다. 아브라모비치의 작품은 그 지속 속에서 예술이 어떻게 관계로서 존재하고, 정동의 흐름으로 발생하며, 생성의 시간으로 살아 움직이는가를 보여준다.

이처럼 현대예술의 시간은 '재현'이 아니라 '발생'이다. 그것은 완성된 결과가 아니라, 진행 중인 사건event이며, 관객의 참여 속에서 끊임없이 갱신된다. 카이로스의 시간, 즉 선택과 행위의 시간이 예술 속에서 실현되는 것이다.

5. 삶, 시간 위에 그려진 예술

결국 시간은 우리를 삼키는 것이 아니라, 우리를 살게 한다. 중요한 것은 얼마나 많은 시간을 가졌는가가 아니라, 어떻게 그 시간을 살아냈는가이다. 예술은 바로 그 질문을 우리 앞에 놓는다. "너는 지금, 너의 시간을 살고 있는가?"

크로노스의 균질한 시간 속에서도, 우리는 언제나 카이로스의 순간을 맞이할 수 있다. 그 순간은 계획할 수도, 되돌릴 수도 없지만, 오직 '지금 여기'에서만 우리에게 열린다. 예술은 그 찰나의 문을 열어준다.

그것은 시계를 멈추는 일이 아니라, 시간을 다시 느끼게 하는 일, 잃어버린 '살아 있는 시간'을 되찾는 일이다. 우리는 시간을 소유할 수는 없지만, 시간을 살아낼 수는 있다. 그리고 그 살아 있는 순간들사유하고, 느끼고, 사랑하고, 기억하는 모든 시간들이 모여 하나의 생이 되고, 하나의 예술이 된다. 결국 우리의 삶 전체가, 시간 위에 그려진 가장 깊은 예술이다.

시간은 우리를 삼키는 것이 아니라,
우리를 살게 한다.
중요한 것은 얼마나 많은 시간을
가졌는가가 아니라,
어떻게 그 시간을 살아냈는가이다.
예술은 바로 그 질문을
우리 앞에 놓는다.
"너는 지금,
너의 시간을 살고 있는가?"

장현정

작가, 사회학자, ㈜호밀밭 대표. 부산대학교 사회학 박사 과정을 수료하고 부산출판문화산업협회 초대 회장을 역임했다. 『록킹 소사이어티』를 비롯해 여러 권의 책을 썼으며 최근 작품으로 『바다의 문장들 1』을 펴냈고, 『주4일 노동이 답이다』(공역)와 『파시스트 거짓말의 역사』를 우리말로 옮겼다.

이 철없는 시절,
우리는 서로에게 무엇이
될 수 있을까

소진燒盡**과 번아웃의 시대, 타고 닳아서 사라져 버리는 사람들**

요즘 사람들은 다들 바쁘다. 바빠도 너무 바쁘다. 그런데 정작 왜 그렇게 바쁘게 사는지는 잘 모른다. 남 얘기할 게 아니라 당장 나부터가 그렇다. 식사하면서도 자판을 두드리고, 운전하다가도 차가 잠깐 멈추면 급하게 메시지를 보낸다. 엘리베이터를 기다리는 얼마 안 되는 순간조차 스마트폰을 꺼내 화면을 내려다본다. 그렇게 종일 쉬지 않고 무언가에 쫓기듯 하루를 보내지만 정작 잠자리에 들어 생각해 보면 도대체 오늘 무엇을 한 건지 막연함과 공허함에 휩싸일 때가 잦다. 몸은 피곤한데 삶은 텅 비어 있는 느낌. 그런데 이 기묘한 역설이 비단 나 혼자만의 문제도 아닌 것 같다. 주변을 봐도 다들 정말 바쁘게 일하고, 바쁘게 이동하고, 바쁘게 관계를 유지하며 살아가는데 그다지 행복해 보이지는 않는다.

이런 환경은 우리의 삶을 마치 빠르게 주어진 임무를 하나씩 지워나가야 하는 게임처럼 느끼게 만든다. 그리고 이런 게임은 원래 끝나지 않는 법이다. 미션 하나를 돌파하면 다음 미션이 기다리고, 그 미션을 돌파하면 또 다른 미션이 기다리게 마련인데 그러는 동안 우리 삶의 속도도 점점 빨라지고 어느새 아슬아슬한 상황이 되었을 때 그만 몸과 마음이 동시에 멈춰버리는 순간과 맞닥뜨린다. 집중이 안 되고, 사소한 일에도 짜증이 나고, 아무것도 하기 싫은 상태, 이른바 '번아웃'이다. 학생도, 직장인도, 주부도, 심지어 쉬고 있는 사람조차도 이 '번아웃'으로부터 자유롭지 않다.

왠지 그냥 바빠야 할 것만 같은 시대, 바쁜 사람이 곧 능력 있는 사람처럼 보이는 이상한 시대에 사람들은 매일 정신없이 하루를 '쳐 내기' 위해 살아가고 있다. 그리고 그렇게 살아가다가 하나씩 둘씩 우리의 시야에서 사라진다. 타버리고, 닳아버리고, 무너지고, 쓰러져서 사라지는 것이다. 시인 기형도가 이미 오래

전에 "아이들은 무럭무럭 자라서 공장으로 간다"라고 노래한 것처럼, 이제 사람들은 무럭무럭 자라서 최대한 빠른 속도로 닳아 없어진다. 타서 사라진다. 소진燒盡되고, 번아웃burn out 된다. 문득 페터 빅셀의 소설 제목 『나는 시간이 아주 많은 어른이 되고 싶었다』가 떠오른다. 지금 내 마음이 그렇다.

이쯤에서 정말 한번 생각해 볼 일이다. 바쁘다는 게 정말 능력의 증거인가? 바쁜 삶이 가치 있는 삶인가? 쉬거나 멈추면 죄책감을 느껴야 하는가? 현대사회의 번아웃은 단순한 피로나 과로의 문제가 아니다. 이것은 철학과 사상의 문제이고 삶의 방향과 감각에 대한 문제이다. 너무 바쁜 나머지, 어떤 삶이 좋은 삶이고 어떻게 살면 좋을지에 대한 감각마저 상실해 버린 무감각한 사람들은 뜨거워도 뜨거운 줄 모르고, 닳아 없어지고 있어도 아픈 줄 모른다.

기꺼이 톱니바퀴 속으로 들어가 나올 생각을 하지 않는

사람이 태어나서 세상에 갈리고 쓸려 타버리고 닳아버려 사라지는 일이 최근만의 일일까. 천재 예술가 찰리 채플린은 이미 100년 전에 산업사회의 핵심을 간파하고 명작 <모던 타임즈>1936

를 만들어 오늘의 우리 모습을 예견했다. 영화의 첫 장면은 화면을 가득 채운 거대한 시계다. <모던타임즈>라는 제목처럼 현대사회는 곧, '시간'으로 상징된다. 탄력적이고 순환적이었던 시간관은 사라지고 이제 능력 있는 사람이라면 무엇보다 시간을 통제할 수 있다는 걸 보여줘야 하는 시대가 되었다. 특히 남자들은 자신이 시간을 관리하고 장악할 수 있는 사람이라는 걸 과시하기 위해 좋은 시계에 집착하기 시작했다. 시간관이 바뀌면서 거기 스며있던 공동체와 자연에 대한, 노동과 일상에 대한 존중과 기다림과 배려도 함께 사라졌다. 속도는 일상의 모든 것을 더 빠르게 소진시키고 거기 부응하지 않는 것들은 소외시켰다. 영성이 사라지고 집단의 기억도 단절되었다.

커다란 시계가 사라지면 다음 장면으로 울타리를 뚫고 양 떼가 쏟아져 나온다. 그리고 이 화면은 곧바로 공장으로 몰려드는 노동자 무리로 디졸브 된다. 찰리 채플린은 시간, 기계, 그리고 무리를 지은 인간들이라는 '모던타임즈', 즉 현대사회의 핵심 특징들을 영화의 시작과 동시에 모두 보여준다. 채플린이 그려낸 이 세계는, 단순한 산업혁명만의 풍경이 아니다. 그것은 독일 사회학자 위르겐 하버마스가 '생활세계의 식민화'에 대해 경고한 것처럼, 속도와 효율이 인간의 몸과 마음을 식민화하는 과정에 대한 직관적 통찰이었다. 이제 일하는 사람은 더 빠르게 움직여

야 하고, 더 많은 일을 해야 하고, 늘 시계를 의식하며 살아야 한
다. 시계는 단순한 측정 도구가 아니라 인간을 통제하는 장치가
되었고, 시간은 공동체적, 자연적 리듬이 아니라 생산성을 극대
화하기 위한 규율로 변모했다.

100년이 지난 오늘날에는 이제 시계 대신 스마트폰이, 공장
대신 알고리즘이, 감독관 대신 알림창이 우리를 통제하고 있다.
우리는 잠시도 멈추지 않고 SNS에 들어가 '먹이를 주느라피드,
feed' 여념이 없다. 정보와 속도에 뒤처지지 않으려고 자신을 재
촉하고 반응을 얻기 위해 조바심낸다. '자기 관리'라는 용어 아
래 스스로를 채찍질한다. 영화에서 채플린이 톱니바퀴 속으로
빨려 들어가던 장면은 이제 더는 과장이 아니다. SNS와 알고리
즘과 AI와 디지털의 시대에는 누가 시키지 않아도 스스로 기꺼
이 그 톱니바퀴 속으로 빨려 들어가 나올 생각을 하지 않는다.

좋은 삶은 결국 '시간' 문제다

많은 것이 편리해진 세상이지만, 그렇다고 우리 삶의 질도 좋아
진 건 당연히 아니다. 이제는 좋은 삶에 대해 정말로 진지하게
고민해 봐야 할 때다. 인생은 생각보다 짧기 때문이다. 좋은 삶

이라고 하면 흔히 사회적 성공이나 경제적 안정 등을 떠올리지만, 조금만 더 깊이 들여다보면 결국 좋은 삶은, '시간을 어떻게 다루는가'라는 단 하나의 문제로 귀결된다. 인간은, 다른 그 무엇보다 바로 '시간'에 구속된 존재이기 때문이다. 시간 앞에서 자유로운 사람은 없다. 인간은 누구나 반드시 죽는다. 철학, 예술, 종교 같은 인간이 하는 행위 중 가치 있는 것들도 바로 그 유한성으로부터 비롯되었다. 인간은 이 필멸의 운명 앞에서 불멸과 초월을 꿈꾸며 내세를 기원하거나 사마천처럼 자신이 사라져도 영원히 남을 기록을 위해 모든 것을 바쳐왔던 것이다. 요컨대, 시간은 인간의 전부다.

그런데 문제는 그처럼 인간 존재의 전부라 해도 좋을 시간이 지금의 우리에게는 본래의 의미를 잃고, 오직 '측정되고 관리되는 자원'으로만 여겨지고 있다는 데 있다. 현대사회는 시간을 끊임없이 쪼개고 나누어 효율을 높이려 한다. '시간을 절약해야 한다'라고 말하면 모두 고개를 끄덕이지만, '시간을 음미하자'라고 말하면 무슨 말인지 못 알아듣는다. 휴식마저 생산을 위한 재충전으로 소비될 뿐이니 그냥 가만히 있는 시간은 '낭비'로 취급될 뿐이다. 그러나 프랑스 철학자 바타이유가 말하듯, 현대사회에서는 오히려 이런 '낭비'가 적극적으로 필요하다. 그렇지 않으면 시간은 깊이를 잃고 오직 속도만을 가진 얕고 볼품없는 흐름으

로 남게 된다. 철학자 폴 비릴리오의 경고처럼, '속도가 곧 권력'
이 된 우리 시대에서 인간은 '생각할 시간'을 상실하고 있다. 재
독철학자 한병철은 오늘날의 시간은 정지의 시간도, 반성의 시
간도 없는 빈 시간에 지나지 않는다고 비판했다. 이런 시대에는
인간은 사유하거나 숙고하지 못하고 오직 조건 반사적으로 반
응하는 동물에 가까운 존재가 되어버릴 뿐이다.

진정으로 좋은 삶을 위해서는 질 좋은 시간이 필요하다. 바쁜
하루 속에서도 유독 길고 진하게 느껴지는 어떤 순간들이 있다.
반대로 스마트폰이나 모니터를 보고 있을 때는 몇 시간이고 스
크롤을 내리며 바쁘게 검색하고 화면을 쳐다봐도 아무것도 얻
지 못할 때가 대부분이다. 시간의 질은 멈추고, 바라보고, 천천
히 생각하고, 무언가를 기다릴 때 높아진다. 그럴 때 시간은 본
래의 모습을 드러내고, 그 순간 유한한 존재로서의 인간은 인간
다움을 회복한다. 시간의 본질은 측정이 아니라 경험, 흐름이 아
니라 관계에 있다. 따라서 잘 산다는 것은 곧 각자가 자기만의
리듬으로 시간을 조직해 내는 일이기도 하다. 예를 들어 바닷
가 사람들이라면 재깍재깍 돌아가는 시곗바늘 따위 걷어치우고
'물때'를 보며 살아가는 게 어울린다는 말이다.

속도와 왜곡된 시간에 저항하는 몇 가지 방법

좋은 문화란, 결국 그렇게 각자의 시간을 견디고 살아남은 것들을 말한다. 우리는 그것들을 '고전'이라고 부른다. 좋은 것에는 반드시 나름의 방식으로 시간이 들어가야 한다. 시간을 건너뛰고 좋은 것을 기대할 수는 없다. 그런 의미에서 효율과 문화는 상극이다. 식당에 빼곡하게 채워진 테이블은 그만큼 테이블 회전수를 높여 매상은 늘려주겠지만 문화적이라고 말하긴 어렵다. 그러나 같은 식당에 단 하나의 테이블만 놓여있다면 그것은 비효율적이라는 의미에서 문화적이다.

마찬가지로 쓸모없다고 여겨지는 것들, 예를 들어 목적지 없이 걷는 산책이나 특별한 주제 없이 오래 나누는 수다, 그저 가만히 있는 것처럼만 보이는 명상 같은 것들은 비효율적으로 보이기 때문에 오히려 가장 문화적인 행위 중 하나가 된다. 이러한 행위들은 모두 '속도에 대한 저항'이다. 우리가 정말로 좋은 삶을 꿈꾼다면 그렇게 나름의 방식으로 속도에 저항하는 방법을 진지하게 고민해야 한다. 발터 벤야민의 『아케이드 프로젝트』2005에는 산업혁명 시기 파리 아케이드에서 거북이를 데리고 나와 산책하던 '플라뇌르flâneur', 즉 도시를 천천히 배회하며 관찰하던 산책자들에 관한 일화가 나온다. 거북이 산책은 산업혁명과 도시화의 속도에 대한 상징적 저항 행위였다. 저항이라고 해서 꼭 거창한 것만은 아니다. 오히려 일상의 작은 선택들, 아주 사소한 움직임들이 쌓여 삶의 리듬을 되돌리는 힘이 된다.

가장 먼저 떠올릴 수 있는 행위는 '멈춤'이다. 백무산 시인은 시집 『이렇게 한심한 시절의 아침에』2020에 수록된 시 「정지의 힘」에서 노래한다. "씨앗처럼 정지하라/ 꽃은 멈춤의 힘으로 피어난다." 이때의 멈춤은 단순한 휴식이 아니라 자기만의 시선으로 이 세계를 다시 읽기 위한 재정렬의 시간이다. 진짜 멈춤은 일하기 위한 재충전이 아니다. 그것은 산업주의적이고 자본주의적인 '강제적 멈춤'이다. 진짜 멈춤은 '공백'을 만들어내는 일이다. 내 안에 없었던 생각과 감정이, 삶의 결이, 풍경이 바깥에서부터 내 안으로 들어올 수 있도록 여백을 내어주는 일이다. 멍하니 창밖을 보고, 이유 없이 천천히 걷고, 스마트폰 없이 주변의 소리를 들으며 시간을 보낼 때, 바로 그런 공백이 생겨난다.

완전한 멈춤이 부담이라면, 속도를 일부러 낮춰보는 것도 좋은 선택이다. 뭐든지 빨리하는 것이 능력처럼 보이는 시대일수록 일부러 천천히 무언가를 하는 것은 곧 자기 삶을 지키겠다는 선언과도 같다. 되도록 느린 방식으로 이동하고, 실시간 반응을 요구하는 메시지 문화에서 벗어나는 일 등이 그것이다. 벤야민이나 베르그송이 강조한 '사유의 시간', '지속의 시간'도 오직 이런 느림 속에서만 가능하다.

끝으로 무엇보다 중요한 건 '관심을 두는' 일이다. 속도의 시대에는 모든 것이 스쳐 지나갈 뿐인데 이런 시대에 무언가에 관심을 기울이는 일은 그 자체로 저항이다. 누군가의 얼굴을 오래 바라보고, 가만히 자연의 소리를 듣고, 책의 한 문장을 오래 물고 늘어지는 집중의 시간은 소비가 아니라 '머무름'의 시간이다. 그리고 오직 이 머무름 속에서만 생의 의미는 모습을 드러낸다. '관심'은 얕고 빠르게만 흘러가던 우리 삶을 다시 깊고 묵직하게 만들어주는 핵심 행동이다. 우리가 이 세계를 정성스럽게 여행하는 방법은 의외로 어렵지 않다. 인공적으로 만들어진 관심경제에서 우선 벗어나면 된다. SNS를 비롯해 언제나 타인과 연결되어 있는 상황은 우리의 혼자 시간을 빼앗아 간다. 질적 시간은 몰입의 시간이고 홀로 있음의 시간인데 상시적 연결을 기반으로 한 관심경제는 이 질적 시간을 앗아간다. 모니터와 액정과 스크린의 사각형 바깥에 있는 진짜 세계에 주목하는 것이야말로 진짜 삶을 살 수 있는 가장 확실한 방법이다.

나는 다리를 외롭게 하고 싶지 않다

관심을 기울이고 자세히 살펴보지 않으면, 사실 이 세계는 우리에게 아무것도 아니다. 그리고 우리도 서로에게 아무것도 아니다. 나태주 시인이 시 「풀꽃」에서 노래한 것처럼, 이 세계도, 그리고 우리 서로도, "오래 보아야 예쁘다. 자세히 보아야 사랑스럽다." 하지만, 오래 보고 자세히 보기란 생각만큼 쉬운 일이 아니다. 관심에는 '시간'이 필요하기 때문이다. 바쁘기만 한 일상에서 자기 자신에게조차 관심을 기울이기 어려운데 타인에게는 말할 것도 없을 것이다. 그러나 관심을 기울이지 않으면 세계는 납작해져 버린다. 그 입체적이고 풍요로운 아름다움이 휘발되어 버린다. 반면, 관심을 기울이면 익숙했던 것들도 낯설게 보이며 새롭게 꿈틀댄다. 관심은 죽어있던 세계를 다시 살아나게 하는 힘이다.

다른 시도 한 편 떠오른다. 생전에 우주와 자연을 노래한 시인 이성선의 「다리」라는 시이다. 절창 한 편의 시는 이런저런 삿된 이야기들을 모두 압축하여 전해준다.

다리를 건너는 한 사람이 보이네
가다가 서서 잠시 먼 산을 보고

가다가 쉬며 또 그러네

얼마 후 또 한 사람이 다리를 건너네
빠른 걸음으로 걸어서 어느새 자취도 없고
그가 지나고 난 다리만 혼자서 허전하게 남아 있네

다리를 빨리 지나가는 사람은
다리를 외롭게 하는 사람이네

'철節' 없는 시대를 살아가고 있다. '철'은 마디이니, 철이 없다는 것은 마디가 없다는 말과 같다. 거꾸로 철을 안다는 것은, 곧 마디를 파악하고 매듭지을 줄 알며 이치를 알고 사리 분별을 할 수 있다는 의미다. 철학에서 말하는 분별력이고 비판적 사고다. 철없는 사람, 철모르는 사람은 제철 따위 아랑곳하지 않고 막무가내로 살아갈 뿐이다. 속도와 바쁨을 예찬하는 요즘처럼 이 철없는 시절에, 우리는 서로에게 무엇이 될 수 있을까. 다리를 외롭게 하는 사람은, 자기 스스로도 외롭게 하는 사람일 것이다.

속도의 시대에는 모든 것이
스쳐 지나갈 뿐인데
이런 시대에 무언가에 관심을
기울이는 일은 그 자체로 저항이다.
누군가의 얼굴을 오래 바라보고,
가만히 자연의 소리를 듣고,
책의 한 문장을 오래 물고 늘어지는
집중의 시간은 소비가 아니라
'머무름'의 시간이다.
그리고 오직 이 머무름 속에서만
생의 의미는 모습을 드러낸다.

김광석

영국 옥스퍼드대학 물리학 박사. 현 부산대 광메카트로닉스공학과 교수. 나노소재의 양자 광학적 초고속현상과 생체조직의 광영상을 연구함. 10여년간 과학영재 고등학생을 대상으로 한 다양한 실험프로젝트를 운영 중이며 국제신문 〈과학에세이〉 칼럼 필진으로 참여 중. 최근, 대중과학교양서적 『시와 그림으로 읽는 감성물리』 출간.

현대물리학의
시간

첨단 기술 덕분에 현대인들은 쉽게 시간을 확인할 수 있다. 국가 간 시차가 있기는 하지만 지구인들은 모두 같은 간격의 시간 눈금을 공유하고 있다. 이런 시간의 표준 눈금은 어떻게 정해진 것일까? 인간적 관점에서 보자면 우리는 변화를 통해 시간의 존재를 알게 된다. 이를테면 한동안 일에 몰두하다 문득 알게 된 나와 주변의 변화를 통해 시간의 흐름을 느끼게 된다. 하지만 개인적 시간의 경험은 다분히 주관적이다. 바쁜 날은 하루가 너무도 짧지만 어색한 이와 마주한 순간은 1분도 길다. 철학자 베르그송은 시간 경험 속에 내재된 변화와 지속을 강조했다. 그래서 특정 시간을 수학의 점처럼 떼어낼 수 없다고 생각했다. '찰나'와 '겁'같은 종교적 시간 단위 역시 관념적 서사를 기반으로 한다.

문학, 철학, 종교의 시간은 인간적 관점에서는 나름의 가치를 지니지만 물리적 측정의 대상은 아니다.

고대 인류는 낮과 밤하늘에서 펼쳐지는 태양, 달, 별들의 주기적 변화를 통해 표준이 되는 시간의 눈금을 만들었다. 대략적인 달의 주기 30일과 12개의 대표적 별자리의 회귀성을 기반으로 원의 360=30x12이 생겨났다. 중동, 인도, 동양 문화권의 어르신들은 오른손 엄지로 나머지 4개의 손가락마다 나눠진 세 마디를 하나씩 헤아려 12를 구분할 수 있다3x4=12. 12의 순환을 마칠 때마다 왼손가락 하나를 펼칠 수도 있다. 가령, 낮의 12와 밤의 12가 합쳐진 24의 하루는 왼손가락 두 개다. 따라서 오른손이 만드는 12를 다섯 번 순환시켜 왼손의 다섯 손가락을 모두 채우면 60이 된다12x5=60. 고대 메소포타미아 지역의 수메르와 바빌로니아 사람들도 60진법을 사용했다.

한편 1, 2, 3, 4, 5, 6은 60의 약수지만 7부터는 나누어떨어지지 않는다. 그러므로 7은 신성한 시간의 묶음으로 간주되었다. 자주 보이는 다섯 행성화성, 수성, 목성, 금성, 토성에 태양과 달을 추가해 구성한 7개의 요일마다 특별한 상징을 부여했다. 이런 메소포타미아 문명의 수 전통은 그리스와 로마를 거쳐 날짜, 요일, 시계, 각도를 표현하는 방식으로 계승되었다. 1분을 의미하는 'minute'은 1시간을 60개로 나눈 '작은 조각minute'을 뜻하며,

1초second는 그 작은 조각을 다시 한 번 60개로 나눈 '두 번째 second' 작은 조각을 의미한다. 하지만 12, 30, 60, 360을 기반으로 하는 날짜와 시간은 달과 태양의 실제 주기와 일치하지 않아 윤달 같은 보정이 필요했다.

1956년부터 과학자들은 지구의 공전 주기를 기준으로 1초를 새롭게 정의했다. 그러니까 지상의 관측자를 중심으로 밤하늘에서 펼쳐지는 풍경을 불변의 대상으로 삼아 만든 이상적 60진법의 시간에서 태양 중심의 지구 공전 주기를 기반으로 한 천문학적 시간으로 발전한 셈이었다. 하지만 과학자들은 지구의 자전과 공전 주기조차도 변한다는 것을 알게 되었다. 공전궤도의 타원 모양과 공전궤도면에 대한 지축의 방향 역시 각각 10만 년과 4.1만 년을 주기로 변하고 있다. 지구의 자전축 역시 쓰러지는 팽이처럼 대략 2.6만 년 주기의 세차운동을 하고 있다. 지구의 운동 역시 정확한 1초를 보장할 수 있는 불변의 존재가 아니었던 셈이다.

정밀하게 작동하는 시계를 사용하면 정확한 시간을 알 수 있을까? 작은 용수철과 수많은 톱니가 정교하게 맞물려 움직이는 스위스 장인의 기계식 시계도 매일 수 초의 오차가 발생한다. 수정quartz 결정을 사용한 시계 역시 하루에 0.5초 정도 느려진다. 이런 작은 시간의 오차는 대충 무시하고 살아도 되지 않나 싶은 생각이 들 수도 있지만 인간적 관점에서 벗어나면 이야기가 달라진다. 시간의 크기도 공간의 크기처럼 상대적이다. 이를테면 46억 년 지구 나이에 비해 인간의 삶이 한순간처럼 보인다고 50년과 100년의 세월이 차이 없다고 말할 수 없다. 100m 달리기 선수에게는 0.01초의 차이가 인생을 바꾼다. 1초를 천, 만, 억, 조, 경으로 나눠갈수록 새로운 우주가 펼쳐진다. 밀리milli초 10^{-3}s 동안 신경 속에서 전기화학적 정보전달이 일어나며, 마이크로micro초10^{-6}s 동안 LED소자가 반응하고, 나노nano초10^{-9}s동안 트랜지스터가 반응한다. 피코pico초10^{-12}s 동안 고체 속 원자들이 진동하고, 펨토femto초10^{-15}s 동안 전자의 이동으로 화학반응이 일어난다. 아토atto초10^{-18}s 동안 원자 속 전자가 핵 주변을 한 바퀴 돌고, 젭토zepto초10^{-21}s 동안 광자가 원자를 관통하며, 욕토yocto초10^{-24}s 동안 핵자들의 상호작용이 일어난다. 현재 과학자들은 플랑크Planck시간10^{-44}s 정도까지만 이해하고 있으며 그보다 짧은 시간은 시공간의 개념조차 붕괴하는 미지의 영역이다. 그러므로 정확한 표준 1초는 중요하다. 정확하지 않은 1초는 그보다 짧은 시간 스케일의 역사를 통째로 지워버릴 수 있다.

　현대 물리학은 원자를 이용해 표준 1초의 정밀도를 높인다. 표준 시간의 기준이 별, 지구, 태양이 아니라 육안으로 볼 수 없는 작은 세상의 원자인 셈이다. 또한 원자는 정확한 시간을 알려줄 수 있는 정밀도 높은 시계이기도 하다. 좀 더 구체적으로 세슘Cs 원자 속에서 작은 용수철처럼 진동하는 양자역학적 전자는 두 개의 특정 에너지 계단을 오가며 마이크로웨이브microwave를 발생시킨다. 전자레인지나 Wi-Fi 주파수와 유사한 이 특정 전자기파가 9,192,631,770번 진동하는 시간이 바로 1초다. 하지만 세슘 원자를 사용하는 이 기술도 3천만 년이 지나면 1초 정도의 오차가 발생한다. 그래서 1초를 정의하는 새로운 표준 기술로 규칙적인 물결처럼 정렬된 빛의 결정 속에 원자를 안정적으로 가두는 광학격자optical lattice 시계가 제안되고 있다. 한마디로 광학격자의 정렬성으로 전자기파를 방출시킬 원자의 결맞음성을 향상시키는 원리에 기반하고 있다. 광학격자 시계는 우주의 나이138억 년만큼의 긴 시간을 기다려도 오차가 1초보다 작다.

이렇게 정밀도 높은 시계가 완성된다면 우주의 표준 시간을 정할 수 있게 되는 것일까? 마치 나라별로 시차를 지니고 있지만 공통의 시간 눈금 같은 지구 표준 시간이 존재하듯 우주의 모든 행성에서 살고 있는 다양한 외계인과 지구인에게 지금, 이 순간에 대한 공통의 우주 시간을 말할 수 있게 되는 것일까? 아인슈타인의 상대성이론은 그렇지 않다고 말한다. 흔히 우주의 시간을 말할 때면 신과 같은 전지자가 커다란 우주 풍선을 외부에서 바라보는 이미지를 떠올리곤 한다. 이 이미지는 우주 풍선 속의 모든 공간에 동일한 시간을 부여하고 있다. 하지만 아인슈타인은 우주 풍선이라는 '절대공간'과 전지자의 손목시계 같은 '절대시간'은 과학적으로 입증할 수 있는 대상이 아니라고 생각했다. 대신 특이하게도 그는 광속을 새로운 불변의 기준으로 삼았다. 좀 더 구체적으로 그 배후에는 전자기학적인 배경이 존재한다. 즉, 기존에는 공간의 눈금을 시간의 눈금으로 나누어 속력을 얻었지만, 기준이 되는 우주의 공간과 시간 눈금의 절대성이 보장되지 않으니 전자기파동의 형태로 진행하는 빛의 속력을 새로운 기준으로 삼자는 맥락이다. 다른 관점에서 보자면 광속은 전자기파동에 대한 진공의 시공간적 응답이자 전자기적 물성이다. 따라서 광속을 불변의 기준값으로 간주하는 생각에는 절대공간이나 절대시간처럼 확인할 수 없는 존재에 대해 믿음 대신 측정 가능한 값을 기반으로 삼으려는 실증주의적 철학이 내재되어 있다.

결과적으로 광속이 새로운 불변의 기준이 되면 상대속도에 따라 공간과 시간이 변하게 된다. 길이가 줄어들고 시간이 느리게 가는 상대론적 효과를 경험하려면 1초에 1억 미터^{광속의 30%} 정도를 이동할 만큼 빠른 속력이 필요해서 일상에서는 경험하기 어렵다. 하지만 초고속 우주선을 타고 행성을 넘나들 먼 미래의 인류에게는 상대론적 효과가 지금의 국가 간 시차처럼 익숙한 일상이 될지 모른다. 이를테면 부산에서 서울에 가듯 화성으로 출장을 가고, 이민을 가듯 태양계를 벗어나 은하계의 다른 행성을 향해 떠나는 다양한 개인들은 각자 확연하게 다른 시간을 경험하게 될 것이다. 광속과 유사한 속력으로 날아가는 우주선 속에서의 1년이 지구의 시간과 수십 년의 차이를 만든다면 공간 적으로 흩어진 모두가 함께하는 '동시'는 존재할 수 없다. 여행 중 블랙홀처럼 중력이 큰 장소를 지나야 한다면 시간의 격차는 더욱 벌어질 수도 있다. 그러므로 공간적으로 흩어진 개인들을 하나의 시간 속에 묶을 수 없다. 지나온 속력의 크기와 방향에 따라 개인은 각자 자신만의 고유한 시간과 역사를 지니게 될 것 이다.

한편, 우리는 시간이 화살처럼 한 방향으로만 흘러가는 것을 경험한다. 너무도 당연한 사실이지만 새로운 약속과 계획은 미 래의 시점에 정해야 하고 미련 많은 과거로는 돌아갈 수 없다. 하지만 뉴턴의 고전역학과 양자역학에는 시간이 한 방향으로만 흘러야 한다는 규제가 없다. 즉, F=ma라는 법칙에 따라 시간이 양의 방향으로 증가하면서 입자가 운동을 하듯, 시간이 반대로 흐르며 운동이 일어나는 상황도 여전히 F=ma라는 법칙을 만족 시킨다. 또한, 입자의 양자 파동을 묘사하는 슈뢰딩거 방정식 역 시 시간이 반대 방향으로 진행해도 문제가 되지 않는다. 그런데 왜 우리 일상의 시간은 항상 화살처럼 한 방향으로만 흘러가는 것일까?

뉴턴의 고전역학과 양자역학은 한두 개 정도의 입자 운동을 설명하는 데 사용된다. 반면, 아주 많은 수의 원자나 분자들이 만들어내는 기체, 액체, 고체의 열 현상은 통계적 방법을 필요로 한다. 가령, 통계물리학은 기체의 열을 무수히 많은 원자와 분자의 평균적 에너지로 해석한다. 평균은 여러 개체를 대표하는 하나의 값이지만 내부적으로는 각각의 개체가 선택할 수 있는 다양한 경우의 조합이 존재한다. 가령, 거실 구석에서 방향제를 뿌려도 냄새는 곧 전체 공간을 가득 채운다. 비록 농도는 낮아지지만 향기를 품은 분자들이 구석에만 머무는 것보다 넓은 공간에 흩어져 배열하는 경우의 수가 압도적으로 크기 때문이다. 통계물리학은 개체들이 조합해 내는 다양한 경우의 수를 엔트로피로 간주한다. 그 결과 엔트로피가 증가하는 방향으로 물리현상이 일어난다는 열역학 제2 법칙이 결국 경우의 수가 압도적으로 많은 일을 목격하게 된다는 뻔한 원리라는 것을 알게 했다. 엄밀히 말해 엔트로피가 낮아지는 경우도 희박하지만 불가능하지는 않다. 그럼에도 불구하고 우리는 확산의 반대 현상이나 쏟아진 커피가 다시 뭉치는 장면을 목격한 적은 없다. 기적 같은 그 과정이 돌이킬 수 없다거나 불가능하다고 간주해도 될 만큼 경우의 수가 너무 작기 때문이다. 그래서 물리학은 엔트로피가 커지는 방향으로 일어나는 거시적 세계의 방향성을 시간의 화살과 연결시킨다.

하지만 19세기부터 제안된 통계적 '시간 화살'의 개념은 여전히 해소되지 않은 많은 질문을 지니고 있다. 한두 개의 입자가 운동할 때는 시간이 반대 방향으로 진행하는 것이 원리적으로 불가능하지 않지만 왜 입자 수가 많은 거시 세계에서 그 과정이 어려워지는지, 바꿔 말해 시간의 화살이 과거로 나아가는 경험이 일상에서 출현하지 않는 보다 근본적 이유는 무엇일까? 최근 물리학자들은 원자나 전자들이 살아가는 미시 세계의 시간은 거시 세계의 시간과 다르다는 제안을 하고 있다. 가령, 먼저 일어난 사건이 원인이 되어 이후의 결과에 영향을 준다는 인과론은 역사가 단 하나의 시간 축 위에 배열된 이미지에 기반을 두고 있다. 하지만, 양자역학적 세상에서는 수많은 평행우주가 공존하며 다양한 경로의 역사가 가능하다. 현재의 선택이 돌이킬 수 없을 것 같은 과거의 사건을 바꾸어 미래의 결과에까지 영향을 미치기도 하고, 현재는 과거의 결과가 아니라 과거와 미래에서 온 정보가 만나 발현한 것이라는 의견도 있다. 시간적 선후 개념이 사라지고 때론 시간이 1차원적 직선이 아닌 여러 방향을 지닌 다차원적 존재라는 이론도 있다. 심지어 '시간'은 허상이며 없다가 갑자기 출현하는 현상으로 보기도 한다. 결국 미시 세계에서는 상식을 벗어난 기이한 방식의 시간이 작동하고 있지만 입자수가 많은 거시 세계로 확장됨에 따라 양자적 결맞음성quantum coherence이 사라져 한 방향을 향하는 시간의 화살이 생겨난다는 견해다. 양자역학이 작동하는 작은 세상과 소통하며 초고속 이동 기술까지 지닌 미래의 인류가 경험하게 될 새로운 시간은 어떤 모습일까? 어쩌면 문학과 예술 작품에 등장했던 파격적 시간의 모습과 닮아 있을지도 모르겠다. 2025년의 과학자에게도 시간은 여전히 화두로 남아있다.

정밀도 높은 시계가 완성된다면

우주의 표준 시간을

정할 수 있게 되는 것일까?

마치 나라별로 시차를

지니고 있지만 공통의 시간 눈금 같은

지구 표준 시간이 존재하듯

우주의 모든 행성에서 살고 있는

다양한 외계인과 지구인에게 지금,

이 순간에 대한 공통의 우주 시간을

말할 수 있게 되는 것일까?

이성철

창원대학교 사회학과 교수이며, 산업 및 노동사회학을 가르치고 있다. 산업 문제를 문화의 시각에서 바라보려는 관심으로 여러 논문과 단행본을 썼다. 대표적인 저서로 『영화가 노동을 만났을 때』 『안토니오 그람시와 문화정치의 지형학』 『노동자계급과 문화실천』 『경남지역 영화사』가 있다.

시간의 얽힘과
중첩

"시간은 존재하지 않지만 그래도 우리를 지배한다." 이 말은 폴 토마스 앤더슨 감독의 영화 <원 배틀 애프터 어나더One Battle After Another> 중에 나오는 대사다. 주인공은 혁명을 목표로 한 여러 전투에서 잠깐의 승리 이후 언제 끝날지 모를 도피와 잠적의 생활을 하고 있다. 그러나 혁명가들에 대한 국가와 군대의 살해와 추적은 점점 조여온다. 주인공에게는 새로운 은신처가 필요하다. 도움을 받기 위해서는 비선秘線과 연락이 닿아야 한다. 어렵게 접촉된 비선은 특정 월月과 일日이 담긴 암호를 요구한다. 암호 확인 과정을 거쳐야 새로운 은신처를 알려줄 수 있기 때문이다. 그러나 주인공은 매번 틀린다. 장기간의 은신과 도피로 인한 망각, 그리고 두려움을 잊기 위해 장복한 약물 등으로 인해 도무지 암호가 생각나지 않는다. 우여곡절 끝에 알게 된 암호는 월일이 아니라, 위의 저 문장이다. "시간은 존재하지 않지만 그래도 우리를 지배한다."

나는 이 문장이 영화 전체를 관통하는 핵심적인 주제라고 생각했다. 왜냐하면 절대적인, 또는 표준적인 시간 자체가 아니라 인간의 삶과 선택, 관계와 변화를 지배하는 '또 다른 시간'의 의미를 암시하기 때문이다. 사실 월과 일은 시간의 흐름이나 인과관계를 표현하는 말이다. 그러나 시간은 인과관계로만 존재할까? 우리의 일상, 즉 '지금-여기'에는 온갖 시제들이 뒤섞여있다. 그런데도 우리는 원인과 결과로 이어지는 시간관에 익숙하다. 왜냐하면 단순하고 이해하기 쉽기 때문이다. 더구나 마치 시간이 흐르는 것처럼 눈에 보이는 것 같기 때문이기도 하다. 시간을 둘러싼 우리들의 인식이 이처럼 혼합되어 있어서, 고대부터 시간에 대한 통찰들은 다양하게 전개된다.

예컨대 고대 그리스에서는 시간을 크로노스와 카이로스로 구분한다. 크로노스는 우리에게 익숙한 인과적인 선후관계를 지닌 시간을 말한다. 과거-현재-미래의 연속적인 흐름을 뜻하는 것이다. '세월'이라 말할 수 있다. 즉 누구에게나 표준으로 제시되는 시간이다. 그리스 신화의 크로노스는 대지의 신 가이아와 하늘의 신 우라노스 사이에서 태어난 티탄 12신 중에서 막내아들이다. 크로노스는 어머니와 형제자매들을 폭군처럼 대한 아버지 우라노스의 남근을 잘라버리고 제2세대의 신이 된다. 아직 신과 인간의 서사가 나타나지 않았던 시대의 신이다참고로 신과 인간의 갈등과 긴장, 그리고 쟁투 등이 일어나는 것은 제우스의 등장부터이다. 서양 미술에서 크로노스의 도상은 거대한 낫을 들고 다니는 것으로 묘사된다. 루벤스나 고야를 비롯한 화가들이 이를 소재로 남긴 그림들이 많다. 프로이트의 '거세 불안' 개념으로 이어지는 것이기도 하지만 어쩌면 시간은 낫처럼 가차 없다는 뜻을 지닌 것은 아닐까? 그의 이름은 '크로니컬연대기', '크로노미터시계' 등으로 현대 영어에 남아 있다.

한편, 카이로스는 주관적인 시간이자 기회chance를 잡을 수 있는 시간을 말한다. 그래서 시간보다 '때'라는 표현이 어울릴 수도 있겠다. <블라인드 챈스>라는 영화가 있다. 폴란드 크쉬시토프 키에슬롭스키 감독의 1981년 작품이다. 영화는 세 개의 이야기가 얽혀있는 구조다. 1980년대를 관통하는 폴란드 현대사 장면들이 배치되어 있다. 반정부 지하활동을 하는 과정, 폴란드 자유노조운동과도 관련된 문학적 저항운동, 그리고 국제연대운동 회의 참석차 비행기로 리비아를 향해 날아가는 주인공의 사고 등으로 이루어진 다소 복잡한 서사구조로 이루어진 영화다.

이러한 서사에서 영화의 원제가 왜 ‘위기’Przypadek인지 짐작할
수 있다. 영화 내내 ‘위험과 기회’의 상황에서 기회들은 스쳐 지
나가고블라인드 챈스, 위기는 찾아오기 때문이다. 한편 서양 미술
에서도 ‘카이로스적 기회’를 소재로 한 작품들을 찾아볼 수 있
다. “서양미술에서 기회chance는 머리 타래를 앞으로 길게 늘어
뜨린 젊은이로 묘사된다. 그래서 그를 발견한 그를 낚아채야지
그러지 않으면 뒤통수를 향해 손을 뻗을 수밖에 없는데, 안타깝
게도 뒤통수가 맨머리라는 것이다이주헌, 『명화는 이렇게 속삭인다』에
서 인용.” 안드레아 만테냐가 그린 그림이 있다. <오카시오와 파
에니텐치아>기회와 참회라는 뜻라는 작품이다1500년경. 그림을 보
면 굴러가는 구球위에 젊은이가 서 있다. “기회를 잡으려는 사람
은 젊은이가 몸을 돌려서 영원히 사라지기 전에 앞 머리채를 그
러잡음으로써 자신의 능력을 증명해야 한다. 그러나 중세에는
착실한 미덕과 대비되는 기회에 대한 비난이 많았다마틸레 바티스
티나, 『상징과 비밀: 명화를 만나다』에서 인용.” 영화나 그림 모두에서 카
이로스의 의미를 잘 파악할 수 있다.

고대 신화의 시간관 중에는 ‘아이온Aion’도 있다. 아이온의 시
간관은 크로노스와 카이로스와는 사뭇 다르다. 아이온은 영원
과 순환의 의미를 담고 있다. 종교적 제의나 초월성의 의미이지
만 동양의 시간관념과 유사한 면도 있다. 즉 음양오행 사상과 농

경문화에서 기원한 계절의 순환이나 흥망성쇠의 반복이라는 세계관과 비슷하다. 동양의 고전들에서 말하고 있는 변화나 불변의 의미, 자연의 시간, 도와 무위의 시간, 자유와 무궁無窮의 시간 등이 그것이다. 동양 고전들에 담겨 있는 '아이온적 시간'은, 현대 물리학에서 던지고 있는 시간의 개념과도 맞닿아 있지 않을까?

먼저 열역학에서 말하는 '엔트로피'를 들 수 있겠다아래 내용은 김범준2025, 『범준에 물리다』에서 도움받음. 엔트로피는 '열역학적 시간 화살'이라고도 한다. 즉 물질계의 변화가 한 방향으로만 일어나는 대표적인 현상을 일컫는 말이다. 앞에서 살펴본 크로노스적 시간 개념과 어느 정도 상통한다. 해 아래 새로운 것은 없으니까… 맑은 물이 담긴 투명한 물컵에 잉크 한 방울을 떨어트리면 잉크는 점점 번져 나간다엔트로피가 증가하는 과정이다. 이러한 확산 과정은 되돌릴 수 없다. 이처럼 자연에 허락된 변화의 방향은 항상 엔트로피가 증가하는 방향뿐이다. 그러나 인간을 포함한 생명은 다르다. 왜냐하면 엔트로피를 줄이려고 끊임없이 활동하기 때문이다. 생명은 외부로부터 항상 정보와 에너지를 주고받는다즉 한 방향 활동이 아니다. 이 과정을 통해 자신 내부의 엔트로피를 줄일 수 있다. 그러나 만약 생명이 식음을 전폐하거나 곡기를 끊으면즉 고립계가 되면 엔트로피가 증가하여 종국에는 죽고 만다.

엔트로피의 시간 개념이 우리에게 던지는 의미는 깊다. 인간은 자신의 생명 유지를 위해 끊임없이 엔트로피를 줄이려고 하지만, 그러한 노력은 역설적으로 환경의 엔트로피를 증가시키는 결과를 가져왔다. 작금의 기후변화 문제나 생태계 오염 등은 공생보다 공멸로 질주하는 폭주 기관차 같다. 작금昨今이라는 말 자체가 시간의 화살이다. 제레미 리프킨이 오래전에 경고한 것이 현실화하고 있는 것이다. 그래서 차라리 아기들이 어른들을 통제하는 사회를 꿈꿀 정도가 되어버렸다. 왜냐하면 "아기가 유전자의 힘으로 부모를 조종하는 경우 말고, 덜 뛰어난 지능이 뛰어난 지능을 지배하는 경우를 본 적이 없다"라는 말을 표면적으로만 받아들여서는 안 되기 때문이다. 오히려 자신들이 뛰어나다고 생각하는 인간들의 오만에 경종을 울리는 반어적인 경구로 받아들이고 싶다.

한편, 물리학자이자 과학철학자였던 아인슈타인의 특수상대성이론이 지닌 시간 개념은 우리의 통념을 뒤집었다. 우리는 여전히 멈춰있는 것과 움직이는 상태를 전혀 다른 것으로 보는 경향이 있다. 그러나 아인슈타인은 갈릴레오의 뒤를 이어 멈춤과 움직임은 이분법이 아니라, '움직임이란 움직이지 않는 물체에 대해서 가지는 관계'라고 말한다. 이러한 사고방식을 '상대성원리'라고 한다이강영, 『아인슈타인』, 167-176에서 참고. 그러나 정작 아인슈타인은 '상대성'이라는 말이 주는 오해를 싫어했다. 수학자

                                                                  아크

인 민코프스키가 불렀던 '불변공준'不變公準이라는 말에 공감했다. 불변공준은 빛의 속도가 같고, 물리 법칙이 같다는 의미다. 즉 특수상대성이론은 '같다'라는 것에서 출발한다. 다음과 같은 사고실험thought experiment을 해본다. 아인슈타인도 칼 세이건도 많이 소개한 내용이다.

달리는 기차 안에 있는 나는 천정을 향해 직각으로 레이저 포인터를 쏜다. 기차 안의 나에게 빛은 직선으로 보인다. 그런데 이 모습을 본 기차 밖 관찰자즉 정지한 관찰자에게 레이저 포인터의 빛은 사선으로 보일 것이다. 사선은 직선보다 거리가 길다. 그래서 기차 밖의 정지한 관찰자에게는 빛의 이동 거리가 길어서 빛의 이동 시간도 더 길게 본다. 위에서 언급한 '같다'라는 전제를 다시 기억할 필요가 있다. 즉 기차 안이나 밖의 초당 빛의 속도는 '같다'. 사고 실험을 한 번 더 해본다. 가령 기차 안의 나움직이고 있다는 직선의 빛을 보고 있고, 그것을 보는 시간이 1초라고 하자. 반면 기차 밖에서 직선보다 긴 사선의 빛을 보는 관찰자정지해 있다의 경우 빛을 보는데 소요된 시간이 2초라고 하자. 이때 1초는 2초보다 느리다. 왜냐하면 만약 기차가 1초에 100m를 간다면 느린 것이고, 1초에 200m를 가면 빠른 것이기 때문이다. 그래서 기차에 타서 움직이는 나는 1초 동안 100m를 간 것에 불과하고, 바깥에 정지해서 보는 관찰자는 1초 동안 기차가 200m를 간 것이다. 그래서 기차 안의 움직이는 나는, 바깥의 정지해 있는 관찰자보다 느리다. 요약하면 움직이는 사람의 시간이 더 느리게 흐른다. 움직이는 사람의 시간이 느리게 간다면시간 지연, 그 사람이 본 거리는 당연히 줄어야 한다거리 수축. 시간이 늘어나는 것과 거리가 줄어드는 것은 서로 얽혀있다. 시간과 공간이 상대적으로 변한다. 즉 빛의 속도가 '같다'는 전제에서, 시간과 거리는 상대적이다. 이처럼 특수상대성이론은 시간의 길이가 변할 수 있음을 말하는 것이다.

아인슈타인의 특수상대성이론은 우리에게 종래의 시간관에 대한 '인식론적 전환'을 요구한다. 시간은 단순히 흐르는 것이 아니라 어느 입장에서 생각하느냐에 따라 상대적이다. 즉 '관계적인 시간'인 것이다. 에른스트 피셔는 현대로 가는 길은 많은 돌들로 포장되어 있다고 말한다. "아인슈타인, 프랑켄슈타인, 비트겐슈타인, 게르트루드 슈타인이 현대로 가는 길을 인도했다." 독일어 '슈타인'Stein은 '돌'을 뜻한다.

아인슈타인의 시간에 대한 이러한 판단은, 이후 수많은 예술 작품에 큰 영향을 미친다. 예컨대 김초엽의 단편 소설, 「우리가 빛의 속도로 갈 수 없다면」에는 이런 내용이 있다. "예전에는 헤어진다는 것이 이런 의미가 아니었어. 적어도 그때는 같은 하늘

아래 있었지. 같은 행성 위에서, 같은 대기를 공유했단 말일세. 하지만 지금은 심지어 같은 우주조차 아니야. 내 사연을 아는 사람들은 내게 수십 년 동안 찾아와 위로의 말을 건넸다네. 그래도 당신들은 같은 우주 안에 있는 것이라고. 그 사실을 위안 삼으라고. 하지만 우리가 빛의 속도로 갈 수 없다면, 같은 우주라는 개념이 대체 무슨 의미가 있나?"

그리고 테드 창Ted Chiang의 작품 역시 인과적인 시간이 지닌 유한성을 돌아보게 한다. 소설집 『당신 인생의 이야기』에 실린 「네 인생의 이야기」는 영화화되기도 했다. 국내에서는 <컨택트>라는 제목으로 상영되었지만, 영어 제목은 <Arrival>이다. 외계인의 지구 방문을 암시하는 제목이기도 하다. 7개헵타의 다리포드를 지닌 '헵타포드'라 명명된 외계인은 다리 하나에서 7개의 촉수가 나와서 글을 쓴다. 인간의 다리와 달리 7개의 방사대칭 구조를 지닌 헵타포드는 일대일이 아니라 일대다의 소통도 가능할 것으로 보인다. 그런데 이 문자는 인간들의 그것과는 다르다. 인간의 문자는 가로든 세로든 선형으로 쓰이지만, 이들의 문자는 신체구조에 걸맞은 원의 형태이다. 그래서 글은 어디가 시작이고 어디가 끝인지 알 수 없다. 그리고 이들의 문자에는 과거-현재-미래의 시제가 혼재한다. 순환 구조로 되어 있는 셈이다. 주인공의 딸 이름이 앞뒤 어느 쪽으로 읽어도 같은 말인 '한나'Hannah인 것처럼 이들의 글은 일종의 회문回文, 팰린드롬, palindrome이다참고로 소설에는 딸의 이름이 등장하지 않는다. 인과율에 익숙한 인간에게는 전혀 낯선 문자이다. 그러나 언어학자인 주인공은 헵타포드 언어를 차츰 이해하게 된다. '자신의 미래를 알게 된 인간은 어떤 마음이 될까'라는 묵직한 주제를 던지는 작품이다. 얽힌 시간과 중첩된 시간에 대한 작품이다.

양자역학에서 중첩은 서로 모순되는 두 가지 속성이 동시에 존재하는 것을 말한다. 여기나 저기 중 어느 한 곳에만 있는 것이 아니라, 어떤 의미에서는 둘 다에 있다. 우리는 이러한 모순에 익숙하지 않다. 인과율적 시간에 익숙하기 때문이다. 그러나 물리적 현상뿐만 아니라, 세상은 모순으로 가득 차 있기도 하다. 과거-현재-미래는 동시에 있지만 알 수는 없다. 위에서 소개한 작품들은 이런 점을 잘 보여주고 있다. 피아노에서 도와 미를 각각 쳐보면 각각의 음을 잘 구분할 수 있다. 그런데 도와 미를 동시에 쳐보면 화음이 생긴다. 이를 중첩이라 생각해도 좋겠다. 그런데 이 화음을 자세히 주의 깊게 들어보면 도나 미 중에서 하나의 음만 들릴 것이다유튜브에서 이와 관련된 영상들을 참고하면 좋다. 듣는 그 순간 선택은 하나로 정해진다. 이때의 '정해진다'는 것은 '확률적으로 들린다'는 뜻이다. 한편, 얽힘은 두 입자가 먼 거리에 있어도 계속 연결되어, 한 입자에 행해지는 작용이 다른 입자에도 즉각적으로 영향을 미치게 되는 물리적 현상을 말한다. 즉 하나가 정해지면 다른 것도 모두 정해진다는 뜻이다. 이처럼 중첩과 얽힘은 인문학적 상상력을 마구 자극하는 소재가 되기도 하지만, 시간에 대한 우리들의 기존 생각들을 되돌아보게 한다. 그래서 "시간은 존재하지 않지만 그래도 우리를 지배한다."

테드 창의 소설에서 선보이는 헵타포드의 시간관은 순환적이지만 결정론이기도 하다. 그러나 나는 그의 결정론을 사회학적으로 생각하고 싶다. 즉 그의 순환적 결정론을 맹목적 복종을 만드는 서클circle이 아니라 비록 정해져 있다 하더라도 이를 보다 건강한 삶으로 바꾸려는 사이클cycle로 이해하고 싶다. '지성으로 비관할지라도, 의지로써 낙관'한 안토니오 그람시와 얽힌 이야기가 있다. 옥중에 있는 그람시에게 지인이 시클라멘 구근을 보낸다. 그람시가 옥중에서 장미 등을 키웠다는 기록들이 자주 보이는 것으로 봐서, 아마도 누군가가 꽃을 좋아하는 그람시에게 시클라멘 구근을 보냈을 것이다. 시클라멘의 꽃말은 많지만, 그중에서도 '사랑과 희망'이 그람시에게 어울린다. 그러나 수형 규정 때문에 형무소 당국은 반입을 허락하지 않는다. 시클라멘의 어원도 사이클과 같다. 그람시는 위험과 기회를 동시에 표현하는 위기의 시간에 대해 다음과 같이 말한다. "낡은 것은 죽어가고 있는데 새것은 태어날 수 없다는 사실."

조재휘

영화평론가로 씨네 21 필진이자 국제신문에 영화 칼럼을 연재 중이다. 영화 〈아가씨〉 2016 메이킹 북 『아가씨 아카입』을 집필했고 전주국제영화제, 부천국제영화제 모더레이터, 부산국제영화제 대중화위원회 POP-COM 진행위원, 영화진흥위원회 영화제 평가위원 등 영화와 관련된 여러 분야에서 활동 중이며 2020년 『시네마 리바이벌』을 펴냈다.

시간의 흐름을 응시해야할 때
보이는 것들
: <히어>2025와
<원 배틀 애프터 어나더>2025

영화는 기본적으로 시간을 통해 공간-이미지를 담아내는 매체이다. 시간의 흐름 속에 공간-이미지가 배치되어 펼쳐지고, 그에 따라 시퀀스가 연속적으로 바뀌면서 리듬이 형성되고 서사의 축적이 이루어진다. 많은 경우 영화의 스토리텔링은 인물이 겪는 사건의 과정과 행적을 따라 공간을 옮겨가는 식으로 풀어가기 마련이다. 그래서 우리는 이야기의 진행은 의식하지만 시간 자체는 인지하지 못한다. 시간은 단지 이야기를 실어 나르기 위한 틀이자 그릇으로서만 기능하는 러닝타임 이상의 의미를 갖지 않기 때문이다. 어떤 영화들은 반대로 사유하게 한다. 시간을 통해 공간을 보여주는 것이 아니라 공간의 변화를 비춤으로써 도리어 시간의 존재를 환기시키는 발상의 역전도 가능한 것이다.

<히어>2025는 바로 그런 예외적인 영화이다. 로버트 저메키스는 <포레스트 검프>1994와 <캐스트 어웨이>2000 등에서 익히 보아왔듯 휴먼 드라마에 장기를 보인 할리우드 상업영화의 총아이지만, 이 작품에서 그는 한 인간의 삶의 궤적을 따라가는 기승전결의 스토리텔링을 취하지 않는다. 중요한 건 인물이 아니라 그들이 머물렀다 떠난 후에도 계속 자리에 남아 있는 공간이며, 그 장소에 묻어난 시간의 흔적들이다. <폴라 익스프레스>2004와 <베오울프>2007로 3D 애니메이션과 모션캡처의 조합이라는 시각효과 분야의 지평을 개척하고 드라마와 테크놀로지의 조화로운 융합을 추구했던 선구자는 이 영화에 들어서는 서사의 의미 정보는 비워버리는 대신, 발전한 CGI 기술에 힘입어 임의의 한 장소에 얽힌 시간의 실타래를 한 땀 한 땀 풀어헤치고자 한다.

<히어>는 104분 동안 이어지는 디지털 시대의 연극이다. 원테이크로 전개되는 이 영화에서 카메라는 오랜 세월 깊게 뿌리 내린 고목古木처럼 한 장소에만 머물고, 공간과 앵글이 고정된 대신 움직이는 건, 프레임 속 풍경의 변화를 통해 드러나는 시간의 흐름 그 자체이다. 이름 없는 대지에 생명이 자라나고, 아메리카 원주민의 숲은 개척민들의 터전이 되어 집이 지어지며, 비행기 조종사와 발명가, 참전용사와 그의 자녀들까지 같은 공간

을 보금자리 삼아 살다가 퇴장하고 다시 들어서길 반복한다. 원시의 지구에서 미국 독립전쟁과 2차 세계대전, 베트남전을 거쳐 현재까지 다양한 시대를 아우르고 함축하는 시간의 스펙트럼. 연극의 막이 바뀌는 것처럼 시대는 전환되지만 미장센만 바뀔 뿐, 하나의 무대 위에 여러 세대, 다양한 삶의 층위들이 한데 겹치고 포개진다. 공간의 변화를 통해 시간의 가변성을 의식시키려 하는 것이다.

하나의 공간에 켜켜이 쌓인 시간의 층위들. 이를 통해 우리는 시대를 관통하는 삶의 형식적 동일성, 시간 속 존재의 무상無常함을 마주하게 된다. 저메키스가 주목하는 건 등장인물 모두가 공유하는, 인간 삶의 근간에 깔린 보편적 양태와 연속성이다. 문물은 변화하지만 전쟁이 없었던 때는 없었고, 남녀는 사랑을 하고 가정을 꾸려 하루하루의 소소한 일상을 살아갔으며, 가족의 죽음, 관계의 상실을 맞으면 슬퍼해왔다. 희로애락과 생로병사. 시대가 다르고 세대가 바뀌더라도 큰 틀에서 삶의 현실은 달라지지 않는다. 그렇게 세상은 이어져 내려왔고, 지난 세대가 퇴장한 무대에 다음 세대가 들어와 살며 내일도 삶은 계속된다. <히어>는 삶의 순환에 관한 영화이다.

흥미로운 건 인물들을 연결 짓는 방식이다. 각기 다른 시간대에 처해 있는 만큼 등장하는 인물들이 직접적으로 서로 교류하는 사건은 일어나지 않고 일어날 수도 없지만, 먼저 살다간 이들이 남긴 무언가, 선대先代의 유산遺産은 후대로 이어져 어떤 식으로든 다음 시대에 영향을 끼친다. 부부 간 사랑의 증표였던 원주민 여성의 목걸이는 부장품이 되었다가 후대에 발굴되고, 발명가가 만든 리클라이너 의자는 접이식 침대로 이어지며, 벌새는 영화의 시작과 말미, 전혀 위상을 달리하는 시간대에 동일하게 출현해 수미상관을 이루면서 과거와 현재의 연결고리라는 영화의 라이트모티브Leitmotiv를 재확인시킨다. 각기 다른 시간대를 살지언정 인간이란 다들 동일한 지평의 세계를 살아가는 존재들이며, 현재의 삶은 이전의 역사가 축적된 결과인 것이다. 시간을 압축적으로 보여줌으로써 감독은 관객으로 하여금 시간을 받아들이는 우리의 인식을 재고할 것을 요청한다. 동양적인 언표 방식으로 치자면 우리는 이걸 '업'業이라고도 부를 수 있을 것이다.

영원한 현재, 근시안적近視眼的으로 사는 한국인

한국 사회에서 문화에 관련한 일에 종사하며 살다 보면 자주 듣게 되는 말이 "그게 돈이 되겠어?"라는 핀잔이다. 이러한 언표 방식의 기저에 바로 돈으로 환원되지 않는 분야의 일에는 제대로 된 가치를 부여하지 않는, 물질 지상주의와 결합해 비틀린 형태의 실용주의實用主義적 태도가 근간에 배어있음을 짐작하긴 어렵지 않을 것이다. 요컨대 한국 사회는 극단적인 실용주의 일변도의 사회이다. 한국 사회를 이해하는 데 가장 중요한 키워드는 '빠름'과 '이익', 이 둘 뿐이지 않을까 싶어질 정도로 어딜 가도 돈에 관한 이야기는 빠지지 않고 이해타산과 관련된 일이라면 다들 민감하고 잽싸게 반응한다.

물론 지극히 현실 지향적인 한국인의 습속이 급변하는 시세에 따라 대처하는 유연함이 되어 유리하게 작용한 순기능 역시 일정 부분 있었음을 부정할 순 없다. 그러나 압축 근대화의 후폭풍, 급속한 발전의 부작용으로 물질적으로는 첨단을 달리지만 의식의 층위에서는 낙후성을 면치 못하는, 선진적인 것과 후진적인 것이 동시에 양립하는 모순 병치적인 오늘날의 현실에서, 우리는 다시금 한국에서 말하는 '실용성'에 함축된 의미를 깊이 숙고해볼 필요가 있다. 어쩌면 우리는 실용성이라는 어휘를 너무나도 편협하게 이해하고 있는 건 아닐까? 현실적이고 실용적인 삶을 산다는 것이 실은 당장 직면하고 있는 상황의 빠른 해결에만 매달린 나머지 이후에 있을 일, 주변에 끼칠 파장 같은 건 안중에 없는 '똑똑한 바보'들만을 양산하고 있는 것은 아닐까?

우리는 '즉각적 실용성'에만 목을 맨 나머지, 시간이 지남에 따라 점층적인 과정을 거쳐 서서히 유익한 결과로 돌아오게 되는 '비즉각적 실용성' 또한 존재한다는 사실을 잊곤 한다. 그래서 한국 사회는 문화와 예술의 진흥, 그리고 제도와 사회적 인프라의 구축에 대해선 너무나도 인색하다. K-콘텐츠가 국제적인 관심을 받고 센세이션을 일으키는 현상에는 환호하지만, 정작 문화의 육성과 진흥에는 더없이 무관심한 현실은 변하지 않는다. 지역에는 공공도서관이 태부족하며, 대학은 취업자 수 통계에 도움이 되지 않는 인문계열 학과를 폐지하여 학문 후속세대를 끊어버리고 있다. 정치적 보복으로 지원이 끊긴 국제영화제와 독립영화 제작은 고사의 위기에 처해 있다. 수도권에는 아직도 제대로 된 시네마테크가 없고 역사와 전통의 서울극장은 영업을 종료했으며, 영화인들을 키워낸 산실의 역할을 했던 원주, 광주, 제주의 단관극장들은 지역사회, 주민과 함께 해온 역사성의 문화재적 가치를 인정받지 못한 채 무참히 헐려 나간다. 소수의 찬란한 성공이 사회 전체 역량의 평균치라는 식의 착시가 만연한 가운데 장래를 도모할, 인재와 역량을 키워낼 기반이 되어야 할 바닥이 꺼져가는 붕괴를 방치하고 외면하는 어리석음이 버젓이 벌어지고 있는 우리의 현실은 실로 아이러니하기까지 하다.

교육, 환경, 경제, 복지, 문화 등 여러 방면에 걸쳐 벌어지는 한국 사회 문제의 상당수는 아랫돌을 빼어 윗돌을 고이듯, 당장 손쓸 수 있는 손쉬운 임시방편만을 추구한 결과인 경우가 많다. 수도권에 인구와 자본이 집중되는 구조적 원인은 건드리지 않은 채 지역 활성화가 논의되고, 입시 정책 변경이 곧 교육 개혁인 양 착각되며, 저출산으로 인한 인구절벽을 걱정하지만, 청년이 정착할 기반과 환경을 마련하는 안전망의 구축은 미진한 채 단발성의 지원 정책에 그친다. 환경에 끼칠 영향을 생각하지 않은 채 토건 공사를 강행하고, 문화재의 가치와 주변의 조경을 무시한 채 바로 앞에 고층 빌딩을 지어 올리려 한다. 중장기적인 비전 없이 당장의 해결책과 돈에 목매는 사회, 이상주의와 인문학의 언어를 가치 없는 것으로 치부하고 사유를 거부한 결과 맞이한 결과는 우리가 지금 마주하는 여러 파국의 징후와 천박해질 때로 천박해진 물질만능주의 세속의 풍경들이다.

현대 한국인이 바라보는 시간이란 오로지 현재라는 시제에 고정되어 있다. 과거로부터 내려온 것도, 미래로 이어질 것도 어떠한 가치를 인정받지 못한 채 무시되며, 오로지 지금 당장 누릴 수 있는 것, 바로 손에 쥘 수 있는 것, 눈앞에 그럴싸하게 제시할 수 있는 것만이 중요시된다. 그래서 새로운 가건물들이 금방 솟아오르다 부서지고 또다시 세워지고 철거하는 소모전을 무한정 반복한다. 미래를 내다보고 다음 세상과 미래 세대를 염려하는

혜안慧眼이 조금이라도 있었다면 미래를 망가뜨려 가며 지금의
잇속을 채우는 데 혈안이 된 이러한 행태는 벌어지지 않았을 것
이다. 오늘날 한국 사회에서 벌어지고 있는 일들은 제 자식들을
잡아다 뜯어먹던 시간의 신 크로노스를 그린 고야의 '사투르누
스'Saturnus를 방불케 한다.

╱ Francisco de Goya, Saturno
  devorando a su hijo(1819-
  1823)

　이러한 현상의 이면에는 철저한 현세지향성, 그리고 죽음과 소멸에 대한 공포가 깔려 있다. 유의미한 건 오로지 나 자신과 자아의 확장인 가족이 누릴 현재의 순간뿐이며 내가 없는 세상은 아무런 의미가 없고 죽으면 모두 다 끝이라는, 그래서 살아있는 동안에 아득바득 모으고 누리며 즐기고 소비하겠다는 식으로 이기주의와 허무주의가 결합된 한국인의 세계관기독교의 예시를 들어보자. 교회가 번성함에도 정작 한국 교인의 종교 행태에는 현세의 기복祈福만이 있을 뿐, 내세의 구원과 공동의 선善에 대한 관념은 기형적이리만치 희박하지 않던가?은 대다수 공동체 구성원이 합의하고 따르는 가치관의 형성과 안정된 일상의 영위를 뒷받침할 사회 시스템의 성숙을 이루는 데는 실패하고 말았다.

　이는 유학의 정치 철학적 성격이 촌락에서 조정에 이르기까지 공동체를 지배하는 원리가 되었던 사상사적 풍토와도 관련지어 볼 수 있는 지점이기도 하다. 산악으로 경계가 확연히 갈린 한반도의 지정학적 환경은 삼한이 나뉜 이래 지역감정을 넘어선 통합된 민족nation 관념의 형성을 상당 부분 저해앙드레 슈미드의 저서 『제국 그 사이의 한국 1895~1919』에 따르면 조선 말엽의 사람들은 민족의 개념을 친족의 확장된 형태로 인지하고 수용했다고 한다.했고, 유학의 본산이지만 대륙이었던 중국과는 달리 한 개인이 고려하고 사유할 수 있는 사회적 영역과 관계가 좁았기에, 천하天下라는 보편적 관념에는 이르지 못한 채 친족이나 마을 공동체와 같은 소속된 주변의 작고 편협한 범주, 일정 영역까지만 제한적으로 확장된 가족주의의 수준을 넘지 못했다. 그래서 유학의 가르침을 천하와 민의民意의 보편적이고 거시적인 윤리로서 다루기보다는, 미시적 일상 속 처세의 지혜로 활용하는 데 주안점을 두었던 전근대의 습속은 목전目前의 현실physics을 넘어선Meta 보다 크고 넓은 범주의 세계, 또 다른 현실의 잠재태를 사유하게 하는 형이상학形而上學 : Meta-physics적 사고의 발달을 저해하고 가로막았다이는 인격적 주재자로서의 상제上帝를 비인격적인 이理로 대체하며 형이상학적 우주관을 제시했던 성리학의 이론을 받아들이고도 마찬가지였다. 조광조가 일상생활에서의 유교적 도덕을 가르치는 '소학'에 집착하고, 이황이 성리학자임에도 도리어 주자의 천하관을 거스르고 원시 유학과 마찬가지로 인격적 주재자로서의 '상제'를 다시 긍정하는 역행으로 치달은 건, 지극히 한국적인 맥락에서 일어난 변형이었던 셈이다. 좀 더 면밀하고 세세한 논의가 필요하겠지만, 오늘날 한국인 일반의 의식 기저에 자리 잡은 부족주의적 심성과 그에 따라 규정되고 갈라지는 정파적 진영 논리, 공공선과 보편 원칙에 대한 의식의 결여, 현세지향성과 세태 영합을 지향하는 행태와 그에 반비례하듯 빈곤한 사변적思辨的이고 역사주의적 사고의 부재는 이런 맥락에서 형성된 것으로 보인다.

그러나 한편으로 잊지 말아야 할 건 서구 철학에서 형이상학적 사유가 발전한 건 노예를 부려 노동에 종사하지 않게 된 귀족의 한가로운 몽상 같은 것이 아니라, 내륙의 산물이 풍요롭지 못하자 바다 너머로 눈을 돌려 식민도시를 개척하고자 했던 고대 그리스인들의 상황 때문이었다는 점이다. 바로 보이진 않지만 저 너머에 있을지도 모르는 외부 세계에 대한 상상은 의외로 생존을 위해 필요한 '실용성' 있는 사고였고, 철학과 천문학의 발전은 이런 맥락에서 가능한 것이었다. 흔히 한국에서 쓸모가 없다고 여기는 관념적, 추상적 사고는 실은 '비즉각적'일 순 있을지언정 꽤나 '실용성' 있는 도구이자 수단이 되어 인간이 인지할 수 있는 시공간의 지평을 넓혀주었던 셈이다. 이는 기초학문 함양과 인프라 구축 같은 중장기적 비전에 극도로 취약한 한국 사회에 중요한 점을 시사한다.

지혜란 보다 넓은 지평을 바라보고 시야가 트이는 순간에 찾아온다. 안달복달하는 태도를 지양하고 잠깐이라도 좋으니 우리가 걸어왔던 길, 처해 있는 현실의 조건을 돌아보며, 앞날에 끼치게 될 영향을 내다보고 미리 준비하려는 태도, 사유와 성찰의 공간을 마련하는 일이 절실하다. 만약 우리의 존재가 '지금, 여기'에 국한된다고만 여긴다면, 그건 편협한 생각이다. 질량보존의 법칙이 가르쳐주듯 우리의 존재가 죽음이라는 현상을 맞아 더는 형상을 유지하지 못하고 해체될지언정, 물론 개별적 존재의 시점에서 죽음은 분명 공포스러운 사태이지만 절대적인 생성의 관점에서 본다면 우리 이후에도 삶은 이어지고 계속된다. 그렇기에 사라지는 것은 이 세상에 아무것도 없다. 우리의 미완未完을 다음 시대의 사람들이 이어받아 완수完遂하고 그다음도 거듭해서 이어지게 될 것이기 때문이다. 존재가 자신의 생애 일대一代에 그치지 않으며, 그래서 여명조차 보이지 않지만 언젠가 반드시 도래할 미래의 시간, 다음의 세상을 살아갈 세대의 사람들에게 어떠한 세상을 물려줄 것인가에 생각의 맥이 닿는 순간부터, 우리에겐 어떤 중대한 전환轉換이 일어나지 않을까?

세대는 나뭇가지가 뻗어 나가듯 이어지기 마련이다. 따라서 우리의 존재는 당대에만 국한되는 것이 아니며, 우리의 현재가 미래의 세상을 결정짓는 '업'業이 된다. 시간에 대한, 그 안에 처해 있는 존재로서의 인간에 대한 우리의 인식을 바꾸어야 한다. 근시안적近視眼的인 사고방식을 벗어나 넓은 시간의 좌표에 선 자신을 인식하는 데서 우리는 시간이 얼마 남지 않았다는 식의 공포와 절박함에서 벗어나, 좀 더 여유롭고 열린 시야로 나에게 흘러왔고, 그리고 다음의 사람들을 향해 흘러갈 시간의 흐름을 가만히 응시하며, 비로소 죽음의 선을 벗어나 생성의 선을, 새로운 미래의 이상적理想的 청사진을 그릴 수 있게 될 것이다.

다음의 세상, 미래 세대들을 위하여

"파도를 상상해."Ocean waves

<원 배틀 애프터 어나더>2025에서 세르지오는 말한다. 가라데 도장을 경영하며 제자들을 키우는 세르지오는 다른 인물들은 하나같이 안달복달하고 추격과 도주의 모티브로 시종일관 질주하는 리듬감의 이 영화에서 유일하게 평정심을 유지하고 닥쳐오는 사태를 침착하고 담담한 태도로 받아들이는 유일한 인물이다. 그는 삶과 역사의 이치를 깨닫고 해탈하기라도 한 듯, 알 듯 모를 듯 도통한 인물로 그려진다. 그가 반복적으로 입에 담으며 딸이 납치된 후 혼란에 빠진 밥을 진정시킬 때도 건네는 "파도를 상상해"라는 말은 '장강의 뒷물이 앞물을 밀어낸다'長江後浪推前浪는 중국의 옛 고사를 연상시키며 영화의 핵심적인 주제 의식을 함축해 낸다. 이 영화는 세대교체의 한 시기, 역사의 막이 바뀌는 어떤 전환점에 관한 이야기이다.

'프렌치 75'는 국경지대의 수용소에 붙잡힌 이민자들을 해방시키는 급진 좌익 무장단체로 한 때 전성기를 구가했지만, 16년 뒤 조직의 구성원들은 다들 망가지고 퇴락해 있다. 선두에서 앞장서던 조직의 선봉장이자 영웅이었던 퍼피디아 베버리 힐스는

변절해 동료를 팔아넘긴 밀고자가 되어 행방을 감추었고, 그녀와 연인관계였던 밥 퍼거슨은 남겨진 딸 윌라를 키우며 무기력한 나날을 보낸다. 운동권 세력의 반대편에는 미국의 헤게모니를 쥔 보수 우익 세력이 자리하는데 국가주의와 백인 순혈주의, 남성 우월주의를 신조로 삼는 이들의 일원이자 끄나풀인 스티브 록조 대령은 사실 퍼피디아와 관계를 가져 사생아 혼혈 딸이 있는 과거를 지우고자 한다.

밥의 딸이지만 생물학적 친부는 록조라는 기묘한 인물 관계의 설정. 평범한 여학생으로 어떠한 정치성도 띠지 않지만 윌라는 자신도 모르게 양쪽에 한 발씩 걸치고 있다. '원 배틀 애프터 어나더'는 상반된 진영에 속하는 두 갈래의 기성세대 사이에 끼어있지만, 어느 한 쪽에도 소속감을 갖지 않은 탈정치적인 미래 세대를 서사의 당당한 한 축으로 내세운다. 왕년의 혁명가였다지만 키워준 아버지 밥은 한심하고 무능한 인간이고, 영웅인 줄로만 알았던 어머니의 실상은 옛 동료의 폭로로 드러난다. 하지만 그 반대편에는 친부인 록조가 자신의 존재를 없애기 위해 군대를 동원해 달려오고 있다. 실질이 없는 패션화된 진보 좌파들이 한심하긴 하지만, 시대착오적인 인종차별주의자로 파시스트적 행각을 벌이려는 보수 우파 또한 긍정할 수 없다는 양비론과 삼각구도의 궁지에서 미국의 미래는 윌라로 표상되는 미래 세대의 선택에 따라 향방이 갈리게 되는 셈이다.

다시 세르지오가 했던 말로 돌아와 보자. 파도는 끊임없는 변화와 흐름을 상징하지만, 한편으로는 그 일렁임에도 불구하고 물이라는 본질은 변하지 않는다. 뜻대로 통제되지 않는 역사의 파란波瀾이 시시각각 썰물과 밀물처럼 밀려오고 빠지길 거듭한다. 그러나 멀리서 바라보면 저만의 형세形勢로 흘러가는 장강의 도도한 물결처럼, 장대한 시간의 지평에 서서 보면 그 안에서 이는 물보라는 찰나요 한순간에 지나지 않는다. 중요한 건 시대의 격랑激浪에 처해서도 침착한 평정심과 균형감각을 잃지 않는 것, 그리고 지금은 뒤따라오지만 종국엔 자신을 밀어내고 해안가에 닿을 다음 세대의 파도를 위해 앞장서서 길을 예비하는 것이다. 비록 지금 밀려드는 파도는 해안의 바위에 부딪혀 덧없이 산산이 부서지겠지만 언젠가는 다음에 들이닥친 파도가 바위를 깎아내고 뚫어낼 것이기에. 진영을 막론하고 모두가 각자의 입장에 서서 문자 그대로 '끝없는 전투'One Battle After Another를 치르는 가운데, 폴 토마스 앤더슨 감독은 록조와 그의 무리들이 아니라 그 반대편, 친딸도 아닌 윌라를 위해 몸을 내던진 밥과 어떠한 이익도 바라지 않고 불법 이민자들의 피신처를 마련해준 세르지오의 손을 들어준다.

밥과 세르지오로 대변되는 기성세대가 전성기를 구가하던 당대에는 세상을 변혁시키는 데 실패했을지 모른다. 그러나 적어도 이들은 언젠가 성공할지 모를 혁명을 위해 남아있어야 할 마지막 불씨, 경각에 처해 꺼져갈 위기에 직면한 미래 세대를 위태로운 궁지에서 구해내는 일 한 가지만큼은 성공할 수 있었다. 그리고 한 차례 치열한 생존의 사투를 겪은 끝에 목숨을 구한 윌라는 정치의식을 가진 한 사람의 시민으로 깨어나 시위에 참여하고, 종국에는 세상을 다르게 바꾸는 데 힘을 보탤 것이다. 다음 세상의 가능성, 미래 세대를 구원하는 것만으로 기성세대는 역사가 그들에게 쥐여준 의무이자 궁극적인 사명을 다한 것이라고, 오로지 자신의 출세, 자기 세대 한순간의 영광을 위해 미래 세대와 그들의 세상을 부수려 하는 록조 같은 이들을 우리는 용납해선 안 된다고 감독은 전하고 있는 것이다. 그런 의미에서 <원 배틀 애프터 어나더>는 뉴 웨이브New Wave의 여명을 바라보려는, 황혼이 저물어서야 날개를 펴는 미네르바의 부엉이헤겔 '법철학 강요'와 같은 영화이다.

긴 시간의 흐름에 빗댄다면 유한有限한 우리의 존재는 덧없는 찰나에 지날지 모른다. 그러나 세상은 그 끝을 다함이 없어 무궁無窮하고 세대는 유전遺傳되며, 과거 세대의 '업'業이 고스란히 이어져 다음 세상의 형태와 향방을 결정한다. 중요한 건 우리의 시야를 살아있는 당대에 국한하지 않고 역사의 큰 흐름, 시간의 지평선 어딘가 한 지점에 놓여있음을 깨닫는 일이다. 소멸을 걱정하는 한 사회, 한 국가를 넘어 기후 이변과 같은 전 지구적 재난을 맞은 지금, 우리에게 일말이나마 구원의 여지가 주어진다면, 분명 그 출발점은 시간 속 우리의 존재를 재인식하는 데서 발견될 것이기에.

최진석

러시아인문대학교 문화학 박사를 마치고 현재는 서울과학기술대학교 문예창작학과 교수로 재직 중이다. 2015년『문학동네』로 등단한 문학평론가이기도 하다. 저서로 『사건의 시학. 감응하는 시와 예술』『사건과 형식. 소설과 비평, 반시대적 글쓰기』『불가능성의 인문학: 휴머니즘 이후의 문화와 정치』『감응의 정치학: 코뮨주의와 혁명』『민중과 그로테스크의 문화정치학: 미하일 바흐친과 생성의 사유』등이 있다.

시간 이후의 인간
: 생성과 소멸의 리듬 속에

시간의 얼굴

시간을 자연의 질서라고 믿는 관념은 오랜 세월 동안 의심되지 않았다. 해가 뜨고 지며, 계절이 돌고 돌아 다시 봄이 오는 일, 그런 반복의 감각 속에서 우리는 시간을 자연의 일부로 받아들인다. 그러나 이 자연스러움은 본능이 아니라 훈련의 결과다. 우리는 시간을 배운다. 어린 시절부터 우리는 시계 읽는 법과 일과의 구획, 주 단위의 계획을 익히며 산다. 사회에 편입된다는 것은 시간을 '계산할 줄 아는 인간'이 된다는 뜻이다. 자연은 결코 '시간'을 발명하지 않았다. 시간을 만든 것은 인간이며, 그것을 제도의 형태로 정착시킨 것은 사회였다.

사회가 만든 시간은 단순한 편의가 아니다. 그것은 인간의 몸과 의식을 일정한 리듬으로 조율하는 장치다. 출근 시각, 마감 시각, 학교의 종소리와 버스의 운행표, 이 모든 것은 시간을 체계화함으로써 인간의 행동을 예측할 수 있게 만든다. 시간은 외부에 존재하는 물리적 흐름처럼 보이지만, 실제로는 인간 내부의 감각과 판단을 규율하는 사회적 코드로 작동한다. "당신이 잠든 사이에도 경쟁자는 일하고 있다"라는 말은 경쟁 심리의 촉발을 넘어, 시간의 균질성과 보편성을 신앙처럼 믿게 만든 근대의 표어에 해당한다. 누구에게나 동일하게 주어진다는 시간의 관념, 그것이 근대 문명이 작동하는 숨은 전제였다.

그러나 시간은 결코 동일하게 주어지지 않는다. 시간의 리듬은 사회마다, 개인마다 다르게 체험된다. 중세의 수도사가 맞이한 하루와 공장의 노동자가 맞이한 하루는 결코 같지 않다. 수도원의 묵상 시간과 공장의 가동 시간은 서로 다른 속도로 흐른다. 근대 이후 시간은 점차 표준화되었지만, 그 균질화의 과정은 인간의 다양성을 제거해 온 역사이기도 했다. 시간을 계산하고 통제할 수 있게 되었을 때, 인간은 동시에 자신의 리듬을 잃었다. 사회는 시간을 합리화했지만, 그 대가로 인간은 속도의 척도에 예속되었다.

근대의 시간은 인간이 자연을 지배하려는 의지의 산물이었다. 태양의 주기표를 대신해 시계가 하루를 나누었고, 농사력의 계절 대신 공장의 종소리가 노동을 구획했다. 시간은 자연의 반복적 리듬이 아니라, 인간이 만든 인공적 리듬으로 변했다. 이 리듬은 처음에는 세계를 질서 있게 조직했지만, 곧 인간을 그 질서 속에 가두었다. 시계의 규율은 삶을 효율적으로 구축했지만, 동시에 인간의 감각과 사고를 특정한 속도에 맞추도록 강제했다. 이렇게 시간은 인간이 만든 체계이자, 인간을 포획하는 가장 정교한 제도가 되었다.

그럼에도 시간은 완전히 통제되지 않는다. 아무리 정교한 시계가 있어도, 인간의 경험은 결코 한 가지 속도로 흐르지 않는다. 사랑의 순간과 노동의 순간, 기다림과 몰입의 시간은 모두 서로 다른 리듬으로 작동한다. 인간은 사회의 리듬 속에서 살아가지만, 언제나 그 리듬에서 어긋난다. 그 어긋남이 바로 새로운 시간 감각의 시작이다. 시간은 선형적 직선으로만 존재하지 않는다. 균질한 질서와 그로부터 벗어나는 변칙이 공존하는 지평에 시간이 있다.

시간의 얼굴을 다시 묻는다는 것은, 근대의 시계 문명을 비판하는 일만은 아니다. 그것은 우리가 지금 어떤 리듬으로 살고 있으며, 그 리듬 속에서 어떤 방식으로 서로와 관계를 맺고 있는지를 성찰하는 일이다. 사회가 시간을 규율할 때, 인간은 그 리듬에 적응하며 자신을 구성한다. 그러나 때로 인간은 그 리듬을 벗어나, 다른 속도로 이 세계를 감각한다. 그 다른 속도의 순간, 즉 통제된 시간의 틈새에서 발생하는 예기치 못한 리듬이야말로 시간의 본래적 생명력에 값한다.

이 글은 그 리듬의 차이를 탐색하려 한다. 시간은 단일하지 않으며, 하나의 척도로 환원되지 않는다. 그것은 인간의 리듬, 사회의 리듬, 그리고 인간 너머의 사물과 자연의 리듬이 얽혀 만들어지는 관계의 총체다. 시간을 다시 묻는다는 것은, 곧 인간이 그 다성적 리듬 속에서 어떤 존재로 살아가고 있는지를 묻는 일이다. 시간은 사회가 만든 자연이지만, 동시에 사회를 끊임없이 탈구시키며 다른 방향들로 분기하는 힘이다.

근대의 기획

근대는 시간을 가시적으로 포획하려는 시대였다. 그것은 자연의 주기를 대신해 세계를 질서화하려는 욕망의 산물이었다. 시계는 이 욕망의 구체적 형태였다. 태엽과 진자, 그리고 기계적 회전의 원리는 세계의 움직임을 한 가지 속도로 통일할 수 있다는 확신을 주었다. 인간은 시계를 통해 세계를 계산할 수 있게 되었고, 시간은 더 이상 흐름이 아니라 관리 가능한 양의 형태로 간주되었다. 시계는 자연의 불규칙성을 제거하며, 모든 변화를 일정한 간격 속에 가두는 기계였다. 이렇게 근대는 시간의 흐름을 정지시키는 기술, 다시 말해 변화 그 자체를 통제하는 체계를 완성해 갔다.

하지만 시계의 탄생은 기술 발전의 문제를 넘어서 존재를 다루는 방식의 변화를 뜻한다. 시간을 물질처럼 다룰 수 있다는 생각은, 인간이 세계의 중심에 서 있다는 믿음과 함께 발전했다. 근대인은 시계를 통해 자신의 세계를 재단했고, 세계는 그 리듬에 맞추어 돌아가는 거대 기계mega-machine였다. 공장의 종소리와 기차의 시간표, 주식시장의 마감 시각은 모두 동일한 리듬 위에서 작동하는 체계의 표상이었다. 시간은 더 이상 흐르지 않고, 오직 '측정'될 뿐이다.

그러나 이 완벽한 계산의 체계 속에서도 시간은 늘 새어 나갈 틈새를 발견했다. 시계는 규칙적으로 움직였지만, 인간의 몸은 그 속도에 완벽히 적응할 수 없었다. 노동자는 기계의 구동음을 따라야 했지만, 몸에 쌓인 피로와 리듬은 언제나 다른 반응을 이

끌어냈다. 이 불일치는 저항의 차원을 넘어, 시간 그 자체가 가
진 비균질성의 징후를 시사한다. 시간은 결코 하나의 리듬으로
환원되지 않는다. 근대가 시간의 흐름을 통제하려 한 것은, 바로
그 비균질성을 지워버리려는 시도였다.

근대의 시계가 표준화한 것은 세계의 리듬만이 아니었다. 인
간의 감각 또한 그에 맞게 재편되었다. 시계의 숫자는 일상의 감
각을 대체했고, 인간은 자신의 생체 리듬을 기계의 작동 소리에
맞추는 법을 배웠다. 정해진 시간에 식사하고, 정해진 시간에 일
하고, 정해진 시간에 잠드는 생활, 이것이 근대적 시간 감각의
핵심이다. 그러나 그 리듬은 자연의 리듬이나 내면의 감각과 조
응하지 않는다. 오히려 시간의 흐름이 일정하게 유지되기 위해
서는, 개인의 감각이 지속적으로 조정될 필요가 있다. 시간은 객
관화되었지만, 인간의 경험은 점점 더 축소되었다.

그리니치의 자오선, 즉 국제 표준 시간은 이 질서의 상징이었
다. 세계는 처음으로 하나의 시간 체계에 따라 움직이기 시작했
고, 시간선을 기준으로 지구 전체를 가로지르는 좌표계가 만들
어졌다. 하지만 그 좌표가 그리는 선은 결코 세계를 하나로 묶지
못했다. 제국의 표준 시각은 식민지의 시간을 지워버렸고, 자본
의 시간은 노동의 시간을 압도했다. 이렇게 시간의 통일은 곧 시

간의 불평등을 낳았다. 근대의 시계가 세계의 중심에서 작동할수록, 주변부의 시간들은 뒤틀리고 어긋났다.

시간을 통제하려는 '근대의 기획'은 결국 그 자신을 파괴했다. 시계의 정밀함은 세계의 불안정성을 지우지 못했다. 역으로 세계가 불안정하면 할수록 시계의 정밀함이 더욱 요구되었다. 시간은 통제될수록 더 많은 균열을 만들어냈다. 인간이 시간을 규율한다고 믿는 순간, 시간은 이미 다른 곳에서 분기하고 있었다. 시계의 숫자와 무관하게 빗방울은 불규칙하게 떨어지고, 억압된 기억은 예기치 않게 되돌아오며, 생명은 각자의 속도로 생장한다. 근대가 그토록 두려워한 것은 바로 이런 시간의 자율성, 인간의 계산 바깥에서 계속 생성되는 시간의 힘이었다.

시계는 시간을 고정하려는 인간의 시도이자, 그 시도의 실패를 끊임없이 드러내는 장치였다. 근대는 시간을 정지시켜 세계를 안정시키려 했지만, 시간은 결코 멈추지 않았다. 시계의 표면에서 균일하게 움직이는 바늘 뒤편에는, 늘 뒤섞이고 분기하는 다른 시간들이 존재했다. 그 시간들은 인간이 감지하지 못하는 곳에서 세계를 조금씩 어긋나게 만들었다. 근대가 만든 시간의 체계는 단단해 보였지만, 그 균열 속에서 이미 다른 리듬이 꿈틀거렸던 셈이다.

속도의 장

시간을 고정하려 했던 근대의 기획이 실패로 드러났을 때, 세계는 그 반대편으로 움직였다. 시간은 더 이상 단일한 방향성을 갖지 않고, 끊임없이 가속되는 다방향적 운동이 되었다. 이제 시간은 멈추지 않는다. 모든 사건은 '지금'이라는 순간에 밀집되고, 세계는 끝없이 현재를 갱신한다. 근대의 시계가 균일한 질서를 약속했다면, 현대의 시간은 끝없는 동시성의 격자 위에 산포한다. 여기서 속도는 물리적 개념을 넘어서 사회의 존재론으로 정립된다.

속도는 세계의 작동 원리를 바꾸었다. 정보는 실시간으로 교환되고, 데이터는 초 단위로 갱신된다. 인간의 감각은 더 이상 세계의 움직임을 따라잡을 수 없게 되었고, 기술적 시간은 인간의 시간을 앞지른다. 스마트폰의 알림과 네트워크의 반응, 물류의 흐름과 자본의 순환은 모두 하나의 가속된 체계를 형성한다. 그러나 이 체계는 결코 완전한 조율을 이루지 못한다. 각 기술적 시스템과 생명적 과정, 감각적 리듬은 서로 다른 속도로 작동하며, 그 사이의 불일치를 통해 세계의 긴장을 조성해낸다. 이 불일치는 단순한 오류가 아니라, 시간의 새로운 생성 형식이다.

가속의 시대에서 시간은 분절되고 중첩된다. 모든 것은 빠르게 움직이지만, 그 움직임이 반드시 진보를 의미하지는 않는다. 한 사건이 끝나기도 전에 다음 사건이 시작되고, 경험은 축적되기보다 삭제된다. 시간은 연속이 아니라 충돌의 집합이다. 그러나 바로 이 충돌의 순간들 속에서 시간은 새로운 밀도를 획득한다. 서로 다른 리듬들이 교차하고 간섭하며 만들어내는 진동이, 이제 세계의 실질적인 시간 감각을 이룬다.

이 가속의 리듬은 인간에게 피로를 낳지만, 그저 비판의 대상으로만 볼 수는 없다. 속도는 파괴적이지만, 동시에 생성적이다. 완급을 달리하는 시간의 흐름 속에 새로운 관계와 감각이 생겨난다. 흐르는 시간의 연속에는 가속과 완속이 점멸하는 차이가 존재한다. 화면이 멈추는 순간, 데이터가 지연되는 간격, 메시지가 도착하기 전의 짧은 공백 속에서 시간은 다른 방식으로 배치되고 연동한다. 이러한 미세한 틈새들은 인간이 통제하지 못하는 시간성의 잔류이며, 그곳에서 새로운 감각의 질서가 발생한다.

속도의 사회는 시간의 단일한 리듬을 해체한다. 근대가 통합을 지향했다면, 현대의 시간은 분기와 비동기성의 원리로 움직인다. 기술의 네트워크, 생태의 순환, 기억의 지속, 자본의 회전은 각각 다른 리듬을 가진다. 이 리듬들은 서로 완전히 합쳐지지 않지만, 그 불일치 속에서 세계가 유지된다. 세계는 하나의 시간으로 구성되지 않는다. 오히려 그것은 수많은 시간들의 교차점이며, 속도의 불균형이 만들어내는 장력 속에서 미묘한 줄다리기를 지속한다.

이러한 시간의 다층성을 통해 인간은 다시 경계에 선다. 그는 더 이상 시간을 통제하는 존재도, 시간의 흐름에 순응하는 존재도 아니다. 그의 지각은 기술적 시간과 생태적 시간, 사회적 시간 사이의 간극 속에 실존한다. 이 간극은 불안과 피로를 낳지만, 동시에 사유의 가능성으로 이어진다. 우리는 그 틈에서 시간의 새로운 얼굴들을 감지한다. 시간은 하나의 방향으로 흐르지 않고, 서로 다른 속도와 리듬들이 얽혀 만들어내는 장으로 실재한다.

다중의 중심, 다중의 속도, 다중의 세계. 이는 근대성이라는 단일 질서의 붕괴 이후 출현한 새로운 생성의 결과다. 근대가 시간의 규칙성을 통해 세계를 통제하려 했다면, 현대는 통제 불가능한 동시성과 비동기성을 통해 세계를 분산시킨다. 더 이상 하나의 척도가 아니라, 서로를 간섭하고 흔들며 만들어내는 다시간적 관계의 장이 전개된다. 이 관계 속에서 인간은 세계의 중심이 아니라, 수많은 리듬 중 하나로 존재론적 위치를 조정한다.

속도의 사회는 인간이 시간을 지배하던 시대의 종언이며, 시간의 자율성이 다시 세계를 이끌기 시작한 전환의 지점이다.

생성의 리듬

시간은 끊임없이 자신을 만들어내는 운동이다. 근대가 시간을 고정하려 하고, 현대가 시간을 가속의 형태로 과잉 생산했을 때에도, 시간은 그 틈새에서 다른 리듬을 만들어내며 세계를 새롭게 구성해왔다. '생성하는 시간'이란 바로 이 자율적 운동을 뜻한다. 시간은 인간의 계획이나 의지로 조직되지 않는다. 그것은 존재자들이 서로의 리듬을 간섭하고 교차시키면서 빚어내는 사물적 과정이다.

단일한 중심이 없다는 점에 주의하자. 모든 존재는 각자의 지속을 따라 흐르며, 그 지속이 교차할 때 새로운 시간성의 층위가 생긴다. 존재는 주어진 형태로 단단히 유지되는 것이 아니라, 서로의 만남을 통해 변형되고 재구성된다. 이때 시간은 배경이 아니라, 그러한 변화가 일어나는 매개다. 사물이 변화한다는 것은 원자나 분자 같은 물질 요소의 변형이 아니라, 관계의 리듬이 달라지면서 양태의 본성이 바뀌는 것을 의미한다. 시간의 흐름은 사물들이 서로 영향을 주고받으며 다른 가능성으로 이행하는 운동 그 자체다.

예술은 이러한 시간의 생성력을 가장 명확하게 드러낸다. 음악은 연주가 끝나자마자 사라지지만, 그 사라짐의 과정에서 새로운 감응을 촉발한다. 영화의 장면이 전환되는 순간, 시의 행이 끊기는 자리, 혹은 그림의 여백 속에서 시간은 단절되는 것이 아니라 다른 리듬으로 옮겨간다. 귓전에 남아 있는 선율, 머릿속을 아른거리는 점과 선, 면의 기호들, 잔상처럼 남아 알 수 없는 문장을 형성해 내는 시구들. 이 모든 사물적 기호가 빚는 멈춤과 전환, 지속과 분절은 모두 생성의 표현이다. 시간은 스스로를 잠시 멈추게 하면서, 그 틈을 통해 새로운 흐름을 만들어내는 것이다.

생성의 시간은 인간의 경험 속에서도 드러난다. 기억이 불현듯 되살아나는 순간, 혹은 미래의 예감이 현재를 흔드는 순간에 시간은 선형적인 질서를 벗어난다. 과거와 현재, 미래는 분리되어 있지 않고 서로를 침투한다. 과거는 현재 속에서 되살아나며, 미래는 잠재성의 형태로 지금-여기에 스며 있다. 이런 교차의 순간에 인간은 자기 동일성을 잠시 잃고, 다른 존재로 변형된다. 시간은 인간을 반복시키지 않고, 끊임없이 다른 가능성으로 이동시킨다.

이러한 시간의 운동은 다양한 속도들의 공존 위에서 성립한다. 세계의 존재들은 모두 고유한 속도를 갖고 있으며, 그 속도는 서로에게 영향을 미친다. 어떤 속도는 너무 느려 인간의 감각이 포착하지 못하고, 어떤 속도는 너무 빨라 기억이 따라가지 못한다. 그러나 이 차이들이 교차할 때, 시간의 질서는 탈구되고 다른 시간의 장이 생성한다. 세계는 하나의 리듬으로 유지되지 않는다. 오히려 서로 다른 리듬이 부딪히고 간섭하면서 새로운 균형을 조성해 낸다. 시간의 생성력은 바로 이 다중적 리듬의 교차 속에 일어나는 사건이다.

이 과정에서 인간은 다시 한번 자신의 위치를 바꾸게 된다. 인간은 더 이상 시간을 통제하는 존재가 아니며, 시간의 흐름 속에서 다른 존재들과 함께 형성되는 매개가 된다. 인간의 행위, 언어, 감정, 기술적 실천은 모두 시간의 흐름 속에서 일시적으로 형성되는 고원일 뿐이다. 시간은 인간의 외부에 있는 절대적 질서가 아니라, 인간을 포함한 이 세계가 자신을 구성하는 방식이다. 인간의 경험은 시간의 일부이며, 세계는 그 경험을 통해 끊임없이 다시 배치된다.

생성하는 시간은 통제된 시간의 반대 개념으로만 이해될 수 없다. 그것은 질서와 무질서, 예측과 돌발, 안정과 변동이 동시에 작동하는 장이다. 시간은 언제나 한 방향으로 흐르지만, 그 방향은 단일하지 않다. 시간은 자신을 반복하면서도 매번 다른 결과를 낳는다. 세계는 이 반복과 차이의 리듬 속에서 지속한다. 그러므로 시간의 생성력은 단순히 새로운 것을 만들어내는 힘이 아니라, 이미 존재하는 것을 낯설게 하고 다른 질서로 재배치하는 능력이다.

시계가 근대적 시간의 규칙성을 상징했다면, 생성하는 시간은 그 규칙 사이에서 일어나는 간섭과 변주를 현시한다. 시간은 완결된 체계가 아니라, 세계가 자신을 계속 갱신하는 과정임을 보여준다. 동일한 반복을 넘어, 그 반복의 미세한 어긋남을 통해 자신을 갱신하는 것이다. 인간은 이 과정에서 세계를 해석하는 주체가 아니라, 세계의 리듬에 참여하여 함께 생성하는 존재로 남는다.

시간-내-존재

시간은 인간의 외부에 놓인 조건이 아니라, 인간의 존재를 구성하는 내적 운동이다. 인간은 시간 속에 막연히 던져지지 않았으며, 시간으로부터 자신을 만들어간다. 근대가 시간을 통제 가능한 제도로 만들었다면, 이제 인간은 그 통제를 포기하고, 시간의 생성적 운동 속에서 자신을 다시 사유해야 한다. 하이데거의 용어를 빌리면, '시간-내-존재Sein-in-der-Zeit'란 시간을 측정하거나 소유하는 인간이 아니라, 시간의 흐름 속에서 자신의 실존을 목격하고, 그 사건에 자신을 던질 수 있는 인간을 가리킨다.

시간-내-존재는 시간을 외부의 질서로 받아들이지 않는다. 그는 시간의 내부에서 세계를 경험한다. 시간은 그에게 주어진 틀이나 규범이 아니라, 자신이 살아 있다는 사실을 증명하는 리듬이다. 인간이 사유하고 느끼고 움직이는 모든 행위는 이 리듬의 곡선을 통해 이루어진다. 시간을 인식한다는 것은 곧 사건이 현존을 감각한다는 뜻이며, 사건의 감각은 자신이 그 시간의 역동을 살아낸다는 의미다.

이 존재에게 중요한 것은 시간을 활용하거나 극복하는 능력이 아니라, 시간의 운동에 노출되어 있다는 사실 그 자체이다. 시간은 인간을 통해 흐르지만, 인간이 그 흐름을 지배하지는 못한다. 오히려 인간은 그 흐름 속에서 세계의 변화를 목격하고, 자신의 존재가 하나의 사건으로 스쳐 지나감을 깨닫는다. 시간은 인간의 행위를 가능하게 하는 배경이 아니라, 모든 존재가 스스로를 드러내는 장이다. 인간은 그 장의 일부로서, 시간의 흐름에 휩쓸리고 소멸하면서도 그 안에서 자신의 현존을 경험한다.

이때 '살아 있음'은 더 이상 생존의 문제가 아니다. 그것은 시간의 통과 속에서만 드러나는, 덧없지만 확실한 현존의 감각이다. 인간은 매 순간 시간의 경계에 가닿는다. 지금, 이 순간이 지나가고 있다는 사실을 자각할 때, 그는 이미 시간 속에서 사라지고 있다. 이 사라짐의 연속이 바로 존재의 양식이다. 시간 속에서 존재한다는 것은 어떤 목적을 향해 나아가는 것이 아니라, 사라짐과 드러남의 반복을 꾸준히 감내하는 일이다.

시간은 인간의 내부를 관통하며, 인간은 그 흐름을 통해 자신이 세계와 함께 변하고 있음을 느낀다. 이 감각은 능동적 선택의 결과가 아니라, 시간이 인간을 통과할 때 빚어지는 필연적이고도 불가피한 인식과 감각이다. 인간은 그 흐름을 제어할 수 없지만, 그 안에서 자신의 실존이 순간적으로 드러나는 것을 목격할 수 있다. 인간은 시간 속에서 무언가를 성취하는 존재가 아니라, 시간 속에서 자신을 드러냈다가 이내 소진하는 존재다.

이러한 관점에서 '시간-내-존재'는 세계의 중심이 아니다. 그는 사건의 한가운데에 놓여 있지만, 그 사건을 주도하지 않는다. 시간은 그를 통과하며 이 세계를 형성하고, 인간은 그 통과의 흔적 속에 자신을 지각한다. 오랫동안 세계 형성에 대한 능동적 기여자로서의 자의식은 기실 이 같은 통과의 흔적을 오인한 결과다. 인간은 시간의 행위자가 아니라, 시간의 흔적을 담는 장소다. 존재의 의미는 그 흔적을 남기는 데 있지 않고, 흔적이 사라지는 과정에서 잠깐 드러난다.

따라서 인간의 과제는 시간을 '잘 사는 것'이 아니라, 시간 속에서 사라지고 다시 생겨나는 자신의 존재를 '받아들이는 것'이다. 시간은 인간에게 어떠한 목적도 부여하지 않는다. 다만 시간의 흐름을 통과하는 가운데 우연히 인간이 현존하고, 그조차 곧 지나간다는 현사실성만을 남겨줄 뿐이다. 아마도 이 같은 지각조차 축복일지 모른다. 그러나 만유 가운데 자랑할 일도 아니고, 비관하여 절망할 일도 아니다. 핵심은 인간이라는 실존이 갖는 유일한 형식으로서 사건과 시간의 지평을 받아들이는 데 있다. 시간의 파동 속에서 우리는 자신이 영원히 지속되지 않음을 알게 되고, 그제야 비로소 존재하기 시작한다.

시간이 스스로를 드러내는 장으로 경험되는 것은 바로 그때다. 인간은 이로부터 일시적으로 현존하며, 그 현존의 사라짐 속에서 시간의 의미를 깨달을 것이다. 시간의 진정한 창조성은 인간이 무엇을 만들어내는 데 있지 않고, 인간을 비롯한 모든 존재가 시간의 흐름 속에서 한순간씩 모습을 드러내고 사라지는 운동 자체에 있다. 인간은 그 흐름을 조절할 수 있는 열쇠가 아니다. 다만 그 운동이 자신을 통과할 때 비로소 자신이 이 세계의 불가분한 일부임을 자각할 따름이다.

정훈

문학평론가, 시인. 현재 인문무크지 『아크』·시전문계간지 『사이펀』·월간 『시민
시대』 편집위원이며, 주요 관심사는 동학과 신학이다.

오늘 하루 점점이 그리울
글의 피멍울
: 동학東學의 시간,
다석多夕의 시간

동학의 시간과 '지금 여기'

현대인에게 '시간'은 삶의 구성 방식을 지우는 범주다. 잠에서 깨어나는 '시간'과 출근하거나 일과를 시작하는 '시간', 밥을 먹거나 쉬는 '시간', 회의를 마치거나 집으로 퇴근하는 '시간', 여가를 즐기거나 잠드는 '시간' 등 동작과 상태가 이어지는 마디점 혹은 매듭의 경계로 놓인다. 그러니 이 낱말은 '시작-중간-끝'이라는 흐름을 지니면서 또다시 '끝-시작-중간'이라는 새로운 흐름을 만든다. 너무나 익숙한 범주이기에 시간에 관한 생각과 사유가 형이상학적인 공론空論에 빠지기 십상이다. 우리 몸의 일부처럼 여겨지거나 '공간'과 한데 묶여 세계의 자명한 원리처럼 생각하고 있는 '시간'을 최근처럼 절실하게 느껴본 적이 없다. 모두에게 똑같이 적용되는 시간의 원리지만 때와 상황에 따라 입맛에 맞게 '각색'되어 저마다 유리한 쪽으로 시간을 끌어들이는 경우가 허다하다. 날日로 계산하던 기존의 방식을 과감하게 무시하고 시간으로 계산해 구속된 내란범을 풀어줬던 판사를 떠올려 보자. 이렇게 누구에게나 공평해야 하고 그럴 수밖에 없는 시간을 자신의 이로운 셈법 안으로 위치시킨다. 그러니까 보통 객관적이고 절대적이라고 믿고 있는 시간조차 의지와 마음이 조작하는 방향으로 유동적이거나 가변적이 될 수밖에 없다는 사실이다.

하지만 이와 같은 시간의 지엽적인 '조작 행위'를 제외한다면 시간은 문화의 한 요소로 언어 못지않게 강력한 의사소통 수단이라고 말했던 문화인류학자 에드워드 홀1914~2009의 문제의식을 상기한다. "시간이 말을 한다. 그 말은 말보다 알기 쉽고 그 메시지는 크고 명료하게 전달된다. 시간이 전하는 말은 언어에 의한 말에 비해 의식적으로 조작되는 경우가 적기 때문에 그만큼 왜곡되는 일도 적다. 말이 우리를 기만하는 순간에도 시간은 진실을 외칠 수 있는 것이다."[1] 단지 흐르는 물이나 되돌릴 수

---

1 에드워드 홀(최효선 옮김), 『침묵의 언어』, 한길사, 2013, 23쪽.

  아크

없는 지난 때, 혹은 변화를 일으키게 하는 눈에 보이지 않는 무
엇으로만 여기곤 하는 시간의 중요성을 인간의 삶을 이루는 문
화의 핵심적인 부분으로 인식하는 홀의 생각을 엿볼 수 있다. 여
기에는 사회를 이루고 구성하는 견고한 구조로써 시간이 행하
는 특징이 오롯하다. 한국인들이 생각하는 시간 개념은 아메리
카나 뉴질랜드의 원주민이 여기는 시간 개념과 다르다. 나라와
계층, 그리고 혈연과 직업에 따른 상대적이고 다양한 시간 개념
을 떠올려 보면 될 것이다. 별다른 일이 없는데도 늘 지각을 일
삼는 사람에게 ‘지각’은 약속된 시간을 넘겨 참여하는 ‘무례’의
일종이 아니라, 자신의 시간 개념이 타인이나 공동체가 ‘보편적
으로’ 여기고 있다고 믿는 시간 개념과 충돌해서 생기는 ‘시간의
잉여’나 ‘시간의 부족분’에 지나지 않는다. 이런 이들은 으레 여
러 번의 지각을 되풀이하게 되는데, 어느덧 그 자신에게는 지각
이 타인에 대한 결례의 의미로 다가오는 게 아니라 자신의 습관
적 특징을 타인이 이해해서 수용해야 하는 ‘관용의 미덕’으로 품
어야 할 것으로 다가온다.

　개인과 공동체의 시간이 지니는 문화의 상대적인 구성 범주
와는 별도로 철학적이고 종교적인 시간 개념을 이 지면에서 생
각해본다. ‘시작과 끝’이라는 알파와 오메가로서 시간 범주는 알
다시피 서구 기독교 사상과 철학에서 비롯되었다. 흔히 ‘직선론

적 시간관'으로 표현되는 서구의 시간관과는 달리 한국을 비롯
한 동아시아에서는 '순환론적 시간관'이 지배적이다. 봄은 결국
겨울을 향할 수밖에는 없지만 또다시 맞이하게 되는 봄으로 말
미암아, 이 우주가 생성과 소멸을 반복하면서 순환한다는 원리
를 함축한다. 유교에서 음양오행이나 사주四柱로 세상 만물과
인간의 운명을 헤아리는 이치도 마찬가지다. 하늘天과 인간人
과 땅地이 역행하지 않고 조화롭게 운행되는 세계와 우주가 가
장 이상적이라고 동양의 성현들은 한목소리를 냈던 것이다. 그
런 사회였지만 조선은 양반들의 부패와 백성에 대한 학정으로
끝내 외세에 국권을 넘겨주었다. 천도天道로써 나라를 다스리고
자 했던 왕과 양반들이 오히려 백성들의 뜻을 거스르고 더군다
나 자신들의 잇속을 위해 대의마저 내팽개치면서 제 뱃속을 불
리고 있을 즈음 동학東學이 창건되었다.

동학을 종교로 보느냐 철학으로 보느냐에 따라 그에 대한 접
근 방법이 상이하다. 수운 최제우1824~1864가 경신년인 1860년
4월 5일 경주 용담에서 '상제'와 문답을 나눈 신비한 체험을 한
뒤 각각 한문과 한글로 편찬된 『동경대전』과 『용담유사』에 당시
동학이 진단하고 지향하는 현실관과 철학이 고스란히 담겨져
있다. 동학사상 가운데 '향아설위向我設位'만큼 동학의 시간관을
잘 드러내는 것도 없다. 수운이 죽고 동학의 2대 교주가 된 해월

　　　　　　　　　　　　　　　　　　　　　　　　　　　

최시형1827~1898의 가르침으로도 유명한 향아설위는 제사상에 놓인 밥그릇 위치를 저편피안이 아니라 이편차안으로 옮겨야 한다는 사상이다. 죽음 이후의 내세를 중심에 두고 산 사람보다 죽은 사람을 먼저 생각하는 전통 윤리에 반기를 드는 한편, '지금 여기'의 우주 생명을 모셔 기르는 산 사람 앞에 생명의 근원이 되는 밥을 바치라는 의미다. 이런 사상은 당시 내세적인 세계관이 지배했던 민간 전통을 거스르는 것일 뿐만 아니라 생사와 계층을 초월하여 만물이 평등하고, 모든 생명 속에 한울님이 임재해 있어서 섬김과 모심의 마음으로 살아야 한다는 가르침이 들어 있다고 할 수 있다. 이것이 동학이 강조하는 '인내천' 곧, 사람이 하늘이요 '사인여천', 다시 말해, 사람을 하늘처럼 섬겨야 한다는 말씀으로 이어져 오고 있다.

아이와 여성, 그리고 당시 천한 신분으로 차별받았던 노비를 비롯한 서자를 모두 귀하게 여기고 누구나 제 속에 한울님을 모시고 있다는 인식으로 만인이 평등하다고 강조했던 동학의 이상은 갑오년1894 농민 혁명의 처참한 결과와 1910년 국권 상실을 거치면서 교세가 위축되었다. 그러나 해월로부터 법통을 이어받은 의암 손병희1861~1922가 1906년 동학을 천도교로 개칭하면서 일제의 침략 야욕의 마수가 마침내 조선을 움켜쥐었을 때도 민중들 사이에 한울 공경과 생명 사상을 전파하고 뿌리내리는 데 기여하였다. 동학의 시간관은 곧 생사관이라 할 수 있다. 삶과 죽음이 다르지 않고, 죽음이 곧 개체의 소멸이나 또 다른 세계로 진입하는 것이 아니라, 전체 우주 생명과 성령에 귀일하여 살아간다고 보았다. 동학의 이러한 향아설위 사상과 생명관은 철학자 윤노빈1941~과 김지하1941~2022의 생명사상에서 그 의미가 되풀이되어 강조되기도 하였다.

향아설위와 함께 동학의 주요 사상이 함축되어 있다고 볼 수 있는 '시천주侍天主'는 오늘날 우리 시각에서 볼 때 특정 종교의 교리 정도로 여기기 쉽다. 쌀 한 톨이나 먼지 하나에도 한울님이 작용하지 않는 게 없다는 설명이나, 베 짜는 제자의 며느리를 가리켜 일하는 한울님이라 말했던 해월의 뜻을 곱씹으면 동학이 단지 주문이나 외우거나 '신비한' 종교적 비의를 전달하는 신앙 공동체로 오인하기 십상이다. 그런데 조선 말기로부터 초기 동학의 교주나 지도부의 행적을 살피면 이들이 얼마나 현실 세계에 적극적으로 대응하였고, 한국 사회가 직면한 모순과 부조리에 관심을 두었는지 알 수 있다. 동학은 사람뿐만 아니라 우주 전체가 생명의 오묘한 흐름이 관철되고 적용되는 약동의 존재로 보았으며, 그러한 시각에서 시간의 가장자리에서 벌어지는 '지금 여기'의 순간이 지니는 중요한 의미를 설파하였다. 말하자면 '현재'를 살아가는 바로 이때와 이 자리에서 숨 쉬고 움직이는 생명의 존귀함을 잊지 않고 순간순간 한울님의 기운과 함께 호흡하면서 현세적 삶을 살고자 하였다. 이런 현세적 세계관과 '지금 여기'의 시간관은 1920년 6월 천도교 청년회에서 한국 최초로 발간한 종합 월간지 『개벽』을 통한 언론 사업으로도 확인된다. 이돈화1884~1950와 함께 『개벽』 창간을 주도하였으며 편집국장과 주필을 지낸 소춘 김기전1894~ ?이 펼친 여성과 아동에 대한 해방과 평등사상, 그리고 평화와 통일의 집념으로 나타났다.

동학의 시간관이 다른 종교와는 달리 현재에 집중하는 면모를 보였던 점은, 수직적이고 위계적인 신분 질서로 유지되었던 당시 한국 사회에서 신음하는 민중의 아픔과 고통을 외면하지 않고 모든 생명체에 내재한 하늘의 마음과 뜻을 궁구하였던 사실과 연결된다. 수운이 겪은 일종의 '내림 체험'의 과정이나 그 존재의 실체 여부를 떠나 결국 동학이 펼쳤던 생명 사상과 모심의 철학은 오늘날 정체성을 잃고 기약 없는 내일에 대한 걱정으로 하루를 견디면서 살아가는 우리에게 시사하는 바가 크다. 동학적 사유는 해방과 한국전쟁이 끝난 뒤 산업화가 한창 진행되던 무렵 무위당 장일순1928~1994을 비롯한 수많은 민주 인사들의 철학적 이정표가 되어 왔다. 곳곳에서 생명 평화 운동과 환경 생태 운동을 벌이면서 지금도 차별과 폭력이 만연한 우리 사회에서 사람과 물질을 섬기는 마음을 전하고 있다. 모든 생명에 대한 이러한 공경심은 동학 초창기부터 강조해 온 인내천과 사인여천, 그리고 지금 여기 살아 숨 쉬고 있는 사람을 향해 지극한 마음을 보내자는 향아설위의 시간관과 아울러 뻗쳐 나간다고 할 수 있다.

다석의 시간과 '가온찍기'

도올 김용옥이 만나지 못해 천추의 한이라고 했던 사람 다석 유영모1890~1981는 평북 정주의 오산학교 교사1911~1912와 교장1921을 역임했던 한국을 대표하는 철학자이자 위대한 그리스도 사상가이다. 일제강점기인 1927년 개신교 동인지 『성서조선』을 창간한 무교회주의자이자 독립운동가였던 김교신1901~1945과 '씨올의 철학자' 함석헌1901~1989의 오산학교 스승이기도 하다. 4년마다 열리는 세계 철학자대회가 아시아에서는 처음으로 서울에서 2008년에 열렸을 때, 다석은 함석헌과 함께 한국을 대표하는 근현대 사상가로 소개되었다. 김교신은 다석을 가리켜 자신이 만나 본 이 가운데 가장 경외하는 사람이요, 하느님을 믿되 이처럼 믿고 사는 사람을 보지 못하였다고 하였다. 함석헌 또한 당신 스스로 다석을 만나지 못했다면 오늘의 자신이 되지 못했을 것이라고 고백한 적이 있다.

다석은 평생 일일일식一日一食을 실천하고 52세에 깨달음을 얻은 뒤부터는 칠성판을 방에 깔고 그 위에 잠을 잤다. '하루살이 철학자'라고 할 수 있을 유영모의 삶과 실천은 보통 사람으로서는 상상을 초월할 정도였다. 그에게 '하루'는 '영원'이었다. '하루살이'처럼 하루 동안 태어나서 죽는 삶을 실천했다. 그에게 삶의 실상은 '오늘, 여기, 나'로 집약된다. 그리고 세상에 있는 것은 '지금, 여기, 나'밖에는 없다. 자신에게 주어진 시간은 지금밖에 없다. 지나간 것은 없는 것이다. 미래는 아직 오지 않았다. 있는 것은 지금 이 순간밖에 없다. 내가 살 수 있는 시간은 지금 이 순간이다. 어제란 죽은 오늘의 이름이고, 내일은 아직 오지 않은 오늘에서 미리 붙여진 이름일 뿐이다. 내게 허락된 시간은 지금 이 순간밖에 없고, 내가 있는 곳은 여기밖에 없으며, 그리고 지금 여기서 생각하고 행동하는 주체는 나밖에 없다.[2] 이것이 유영모가 생각하고 실천한 하루살이 철학이요, 시간관이다.

다석은 우리말 철학의 개척자로서도 뛰어난 선각자였다. 그는 우리말로 철학을 했던 최초의 사상가이기도 했다. 이는 깊은

---

2 박재순, 『큰 사상가 다석 유영모 이야기』, 나눔사, 2023, 77쪽 참조.

철학적인 신념에서 비롯된 결과였다. 다석이 살던 시대는 한문, 일본어, 서구 신학 용어들이 지배적이었던 때였다. 지식인들이 한문으로 사유하고, 일제강점기에는 일본어로 강요된 글을 써야 했으며, 기독교 신학은 서구 번역어들로 가득 찼다. 그러나 다석은 여기에서 근본적인 문제를 발견하였는데, 번역된 언어로는 우리 고유한 영성과 사유를 온전히 담아낼 수 없다는 사실이었다. 진정한 깨달음과 신앙은 우리의 혼 깊은 곳에서 우러나야 하는데 남의 언어로는 불가능했던 것이다. 이러한 다석의 우리말 철학은 서구 철학이나 신학을 번역해서 받아들이는 것이 아닌, 우리 자신의 언어와 정신 토양에서 진리를 길어 올리는 작업이었다. 이는 주체적인 사유와 문화적 정체성의 회복이라는 과제를 안고 살아가는 지금 우리에게 의미 있는 울림을 던진다.

다석의 사상과 철학은 '가온찍기'라는 말에서도 확연하다. '가온찍기'에서 '가온'은 가운데라는 뜻이다. 가운데를 줄여서 가온이라고 했다. 우주의 가운데는 사람 마음의 가운데다. 또 우주는 공간적이면서 시간적인 개념이다. 그러면 시간은 가고 오고, 오고 가고 한다. 그래서 가온은 가고 오는 것의 준말이 되는 셈이다. 다석에 따르면 'ㄱ'은 하늘에서 기운이 내려오는 것을 말하고, 'ㄴ'은 땅에 든든하게 딛는 것을 말한다. 하늘의 기운이 내려오고 땅의 기운이 만나는 우주의 한가운데를 찍는 것이 가

온찍기 '긋'이다. 또한 가고 가고 오고 오는 시간의 한복판을 찍
는 것이 가온찍기다. 우주의 무한한 시간과 공간 속에서 내 마음
을 하나의 점으로 만들어서 가온찍기를 하면 내가 없어진다. 그
러면 새로운 내가 된다. 하느님의 생명으로 들어간다. 참 생명으
로 들어가는 것이다. 거짓된 나를 한 점으로 찍어서 없애버리고,
참 생명으로 들어가는 것이 가온찍기 철학이다.[3] 또한 그는 '이
제'라는 시간에 집중하면서 어느 장소에 있든 현재성에서 벗어
난 장소는 존재하지 않는다고 믿었다. 파악하는 순간 '이제'라는
시각은 사라진다. 그리고 다시 '이제'라는 현재가 시작된다. 그
러므로 '이제'는 다석에게 영원성이 된다. 그에게 하루가 영원인
까닭도 여기에 있다. 이러한 '이제'도 '긋'으로 표시하고 가온찍
기라 명명하였다.

현재의 순간을 중시하는 다석의 시간관은 동학의 시간관과
비슷하다. 양쪽이 지금 이곳과 여기의 시간에 집중하면서 생명
의 기운이 충만한 순간의 때를 놓치지 않고 붙잡아 둔다. 언제나
지나간 시간을 아쉬워하면서 다가올 시간의 그림자를 헤며 불
안해하지만 정작 지금 이 시간이 던지는 뜻을 놓치고야 마는 우
리다. 머리를 치켜들고 사는 유일한 생명체인 인간이 글로써 문

---

3 박재순, 『큰 사상가 다석 유영모 이야기』, 나눔사, 2023, 43쪽 참조.

화를 이룩하고 발전해 온 역사를 돌이켜 보면 우리가 어디에서부터 왔고 어디로 가는지 알다가도 모를‘不然其然’,『동경대전』일이지만, 하늘을 그리워하는 바른 그리움‘숨·얼 말·글’,『다석일지』을 간직하면서 살아가는 일의 중요성을 다시 한번 생각한다. 이러한 생각이 오늘 하루 말과 글을 통해 그리운 이에게 닿으려는 마음을 보내면, 봄날 산천에 피어오르는 진달래꽃 몽우리처럼 선연한 피멍울을 남길 수 있지 않을까. 이 흔적은 바로 내 그리움이 그이의 눈동자를 향해 솟구치는 글자가 남긴 황홀한 상흔이다.

어제란 죽은 오늘의 이름이고,
내일은 아직 오지 않은 오늘에서
미리 붙여진 이름일 뿐이다.
내게 허락된 시간은 지금 이 순간밖에
없고, 내가 있는 곳은 여기밖에 없으며,
그리고 지금 여기서 생각하고
행동하는 주체는 나밖에 없다.
이것이 유영모가 생각하고 실천한
하루살이 철학이요, 시간관이다.

심상교

부산교육대학교 국어교육과 교수, 고려대 국어국문과와 동대학원을 졸업했다. 동해안별신굿과 영남지역 민속가면극을 중심으로 전통연희의 연행성 등을 연구하고 있다. 요즘은 한국 민속신앙 속의 신격에 대해 연구하고 있다.

시간의 틈,
시간의 예술적 재편

한국민속극이하, 민속극은 일반 백성과 재인·광대가 그들의 예술 정신과 삶을 응축시킨 연행예술이다. 해학과 풍자를 포함한 민중들의 세계 인식과 가치관이 민속극에 들어 있는 것이다. 이러한 민속극은 현재의 시간을 반영할 뿐만 아니라, 설화적 시간과 신화적 시간을 작품 속에 구조화하였다. 시간성은 민속극에 참여한 일반 백성의 예술정신과 깊은 연관이 있다.

현재의 시간 반영은 민속극이 공연되는 현재 상황에 의의를 두기 때문에 발생한다. 설화의 시간은 반복과 순환의 시간이며, 인간 삶의 영원성과 반복되는 역사를 담고 있다. 신화의 시간은 신성과 인간성의 경계를 허무는 시원적 시간으로, 인간 삶의 근원을 되묻는 내면적 시공간이다. 민속극 속 광대나 백성들은 이러한 현재적·신화적·설화적 시간을 통해 현실을 초월하는 상상력을 발휘하며, 현실 권력에 대한 초월적 비판을 가능케 한다. 이는 단순한 풍자 이상의 예술적 장치이자, 민중의 세계관을 드러내는 상징이 된다.

민속극은 풍자와 해학이 주요 특성으로 해석되어 왔다. 민속극이 집단적 의식, 비판적 상상력, 그리고 삶의 지혜까지를 융합시킨 민중의 공연예술이라는 점에서 해학과 풍자를 넘어서는 어떤 미학적 특성이 존재하리라 생각한다. 권력자를 조롱하는 데 그치지 않고, 민중이 삶의 고통을 유희로 전환하며 자기 치유와 사회적 발언을 동시에 수행하는 능동적 예술 의식이 있는 것이다.

민속극 속 시간개념은 바로 이러한 능동적 예술 의식의 구현 공간이다. 과거와 현재, 신성과 현실, 억압과 해방이 교차하는 무대로서의 민속극은, 백성들의 집단 기억과 상상력이 현실 권력과의 긴장을 풀어내는 무대다. 이 무대 위에서는 양반과 승려 같은 지배 계층이 희화화되며, 일상의 억압은 신화적 시간 안에서 해방의 의례로 승화된다. 이는 곧 민속극이 단순히 현실을 풍자하는 것이 아니라, 시간을 비틀고 의미를 재구성하여 민중이 주체가 되는 새로운 질서를 상상하게 하는 문화적 공간임을 의미한다.

풍자와 해학은 시간과 공간의 경계를 넘어 변함없이 지평을 넓혀온 지성의 미학 범주다. 특히, 풍자는 웃음 속에서 현실의 부조리를 인식하고 일종의 심리적 해방감을 경험하게 한다. 칸트의 4대 미학 범주에서 말하는 골계미가 이에 해당한다. 골계미는 추함이나 불합리함 속에서 느껴지는 위트와 해학을 통해 카타르시스 이상의 미적 쾌감을 유도하는 미의 한 형태이며, 민속극에도 이러한 특성이 주요한 부분으로 들어 있는 것이다.

이러한 풍자는 시간성과 긴밀히 연결되어 있다. 시간은 이 풍자의 가능성과 효과를 규정짓는 매개이다. 일상의 시간 속에서 금기되었던 언어와 행위는 '연행의 시간', '축제의 시간'이라는 '예외적 순간', '비일상적 틈새'를 통해 허용되며, 민속극은 이러한 비일상의 시간에 사회적 위계를 전복시키는 반전의 장을 마련한다. 양반이 마당 한가운데에서 조롱당하고, 광대나 하층민 캐릭터가 주도권을 잡는 장면은 일시적으로나마 기존의 시간과 질서를 해체한 전복의 시간을 펼친다. 다시 말해, 풍자는 특정한 시간 속에서만 허용된 일탈의 장치이며, 이러한 한시성과 시간의 전환성은 풍자의 미학을 더욱 명확하게 만든다.

민속극에서 등장인물은 현실과 거리두기를 가능케 하는 가면을 쓰고 등장한다. 이 가면은 단지 얼굴을 가리는 도구가 아니라 시간적 변이를 가능하게 하는 매개다. 가면은 현재의 인물을 과거로, 혹은 일상의 인물을 상징적 존재로 치환하며, 고정된 현실을 유동적인 시간의 흐름 안에 놓이게 한다. 이때 관객은 단지 웃고 즐기는 것을 넘어 그때의 지배자와 지금의 권력을 연결 짓는 비판적 시선을 갖게 되며, 풍자는 단속적으로 과거와 현재를 넘나드는 사회 비판의 미학으로 기능하게 된다.

민속극은 대개 농한기나 정월대보름, 마을제와 같은 공동체의 축제적 순간에 연행되었다. 이 시기는 노동으로부터의 해방과 더불어 공동체 구성원들이 정체성과 연대감을 재확인하는 비일상적 시간이다. 이러한 축제의 시간은 바흐친이 언급한 카니발의 시간 개념과 유사한데, 일상의 위계질서가 무효화되고, 억눌린 욕망과 언어가 표면 위로 떠오르는 시공간이다. 민속극은 이러한 카니발적 시간 속에서 연행되며, 그 안에서 연행의 시간이라는 또 하나의 특수한 시간대를 형성한다. 이 연행의 시간은 관객과 배우, 현실과 허구, 권위와 조롱이 교차하며, 연극이 진행되는 동안 사회적 역할과 위계가 일시적으로 유보되거나 역전되는 공간적·시간적 틈새다.

하회별신굿탈놀이에서 양반은 높은 지위와 권위를 상징하지만, 극 중에서는 무능하고 위선적인 인물로 희화화된다. 중광대는 종교적 권위와 금욕을 대표하지만, 극에서는 부네기녀를 탐하는 욕망의 존재가 된다. 이들은 일상의 시간 속에서는 비판이 허용되지 않는 지배 권력이지만, 민속극이 펼쳐지는 연행의 시간 속에서는 풍자의 대상이 되며, 하층민 캐릭터인 백정, 각시, 초랭이 등이 주도권을 쥐는 반전적 서사를 연출한다. 이는 단지 위계의 부정이 아니라, 시간의 전환성을 통해 새로운 사회적 감각을 체험케 하는 일시적 전복의 체험이라 할 수 있다.

／ 하회별신굿탈놀이 제7과장 양반선비마당-부네의 양반유

수영야류·동래야류에서는 말뚝이 캐릭터가 대표적이다. 말뚝이는 말을 끌고 가는 마부이나 극 중에서는 말장난과 해학, 신랄한 조롱을 통해 양반을 궁지에 몰아넣는다. 말뚝이의 언행은 일상의 언어 질서에서는 허용되지 않는 무례와 도전으로 가득 차 있으나, 축제적 시간과 연행의 시간 속에서는 오히려 극의 핵심

미학으로 기능하며, 관객의 지지를 받는다. 이처럼 연행의 시간은 단지 극이 상연되는 시간이 아니라, 공동체 구성원 전체가 권력 구조를 전복적으로 인식하고, 잠재된 저항 의식을 연대감 속에서 재확인하는 의례적 시간이 된다.

／ 수영야류 제1과장 양반과장-말뚝이와 양반들　／ 동래야류 제2과장 양반과장-말뚝이

이러한 맥락에서 볼 때, 풍자는 장르적 특성을 드러내는 요소이면서 시간의 전복을 가능하게 하는 미학적·사회적 장치이기도 하다. 이러한 시간 속의 사람들은 사회의 이면을 인식하고 정서적으로 저항할 수 있는 문화적 공간을 확보하게 되며, 정신적 자유의 가능성을 예술적으로 구현한다.

현대사회에서 시간은 객관적이고 선형적인 구조로 이해된다. 과거는 지나간 것이며, 현재는 순간이고, 미래는 아직 도래하지 않은 것으로 인식된다. 그러나 무속 신화나 종교적 상상력, 그리고 최근의 문화콘텐츠 속에서는 이 같은 시간 개념이 흔들리며,

시간의 초월성이 빈번하게 등장한다. 바리데기 신화와 강신무의 빙의 현상, 그리고 애니메이션 케데헌 속 시간 개념은 전통적 무속과 현대 문화 속 시간의 해체 현상을 보인다. 이 현상은 두 가지 관점으로 나누어 볼 수 있다.

첫째, 신화적 시간성이다. 이는 무속과 신화 속에서 나타나는 반복적이며 원형적인 시간 구조를 뜻하며, 이 구조에서는 죽음과 생명, 과거와 현재가 구분 없이 상호작용한다. 둘째, 문화 융합적 시간성이다. 이는 전통과 현대, 민속과 대중문화가 결합하여 시간의 위계나 연속성이 해체되는 현상을 말한다. 이 두 개념은 각각 바리데기 신화와 강신무의 빙의 현상, 그리고 애니메이션 케데헌을 통해 실증적으로 드러난다. 바리데기 신화는 한국 무속신앙의 핵심적인 서사로, 버림받은 공주가 생명의 약을 구하러 사후세계인 서천서역국으로 떠나는 여정을 담고 있다. 이 신화는 단순한 전설을 넘어, 죽음과 삶, 과거와 현재가 교차하는 상징적 공간을 형성한다. 특히 바리데기 공주가 생명의 꽃인 다부살이꽃_{불동화}을 구하는 과정은 생사의 경계가 흐려지는 구조를 보여준다.

이 신화의 가장 주목할 점은 시간의 선형성이 사라진다는 것이다. 바리데기는 아버지 오구대왕이 살아 있을 때 약을 구하러 떠나지만, 그녀가 돌아왔을 때는 이미 3년 이상이 지나 아버지의 장례가 진행 중이다. 시간의 경과는 분명히 존재하지만, 그것은 인과적 연속성으로 설명되지 않는다. 이는 신화적 시간성, 즉 순환적이고 원형적인 시간의 특징을 나타낸다. 이와 같은 신화적 시간성은 인류학자 미르치아 엘리아데가 언급한 성스러운 시간과 유사하며, 여기서 시간은 반복되며 영원회귀적 구조를 가진다.

바리데기 공주가 겪는 여정 또한 죽음과 재탄생, 그리고 치유라는 무속적 의례의 구조와 맞물린다. 그녀는 생명을 상징하는 꽃을 통해 죽어가는 아버지를 살리려 하지만, 결국 그 죽음을 받아들이고 무당의 조상신으로 승화된다. 이는 시간의 종말이 아닌 또 다른 시작을 의미하며, 선형적 시간의 결말을 무화시킨다.

강신무降神巫의 굿은 전통 무속의 핵심적 의례로, 무당이 신의 말을 전하거나 혼령과 접촉하기 위해 빙의 상태에 들어가는 의식이다. 이 과정에서 신은 특정한 과거에 속한 존재, 즉 죽은 조상일 수도 있고, 역사적 인물일 수도 있다. 중요한 점은 이들이 굿판이라는 현재의 시간 속에 다시 출현하여 무당을 통해 말하고 행동한다는 것이다.

빙의 현상은 단순한 연기나 상징이 아니라, 무속적 실천에서 과거의 실존이 현재화되는 순간이다. 이는 비선형적 시간 또는 동시적 시간으로 설명될 수 있다. 과거의 사건이나 인물은 단순히 기억되는 것이 아니라 현재와 동일한 차원에서 발화하고, 상호작용을 한다. 시간은 축적되지 않고, 오히려 접혀서 현재로 소환된다.

이러한 시간 개념은 근대적 시간 인식과 충돌한다. 근대의 시간은 균일하고 가속화되는 방향을 갖는 반면, 무속의 시간은 필요에 따라 소급되고 접힘으로써 신성한 개입을 가능케 한다. 즉, 굿판의 시간은 이미 죽은 자의 시간, 아직 태어나지 않은 자의 시간, 지금 이 순간의 시간이 동시에 존재하는 중첩적 시간이다.

이처럼 무속은 정적인 전통이 아니라 역동적 상상력을 통해 시간을 재배치하고 재해석하는 공간이다. 빙의된 신의 시간은 현실의 시간과 결합하면서, 공동체의 기억과 치유의 기능을 수행한다.

애니메이션 케데헌은 민속 신앙적 요소와 현대 대중문화가 결합해 독특한 서사를 보여준다. 작품 속 인물들은 전통적 마귀나 신령의 형상을 갖추고 있지만, 그 표현은 K-팝 아이돌이나 하이브리드적 캐릭터를 통해 전개된다. 이는 전통과 현대, 민속과 대중문화가 결합된 문화혼종성hybridity을 보여주며, 동시에 시간성의 융합이라는 중요한 특징을 갖는다.

작품 속 변신 서사나 전투 장면에서 시간은 과거의 유산과 미래적 기술이 동시에 작용하는 구조로 나타난다. 예컨대 민속신앙에 등장하는 비형랑이나 바리데기와 유사한 캐릭터들이 최신 기술과 결합한 초월적 능력을 구사하는 장면은, 전통이 단지 과거의 유물로 남는 것이 아니라 현재와 공존하며 새로운 형태로 재해석된다는 점을 시사한다.

특히 애니메이션 속 시간은 과거-현재-미래의 직선적 연속이 아니라, 전통적 세계관과 현대적 감각이 중첩된 다층적 구조를 가진다. 이는 문화 융합적 시간성으로, 문화 요소 간의 결합이 시간적 위계까지 허물어뜨리는 현상을 의미한다. 전통 신화의 인물들이 현대 문화의 맥락 안에서 재탄생함으로써, 시간은 단절되지 않고 연속되고 변주된다.

바리데기 신화와 강신무의 빙의 현상, 그리고 애니메이션 케데헌은 각각의 맥락에서 시간의 비선형성과 융합성을 드러낸다. 바리데기의 여정은 신화적 순환 구조 속에서 생과 사, 과거와 현재를 넘나들며 '성스러운 시간'을 구현한다. 강신무의 빙의는 과거의 혼령이 현재에 개입하는 현상을 통해 시간의 동시성과 중첩성을 나타낸다. 케데헌은 전통과 현대의 문화 코드가 융합되며, 시간의 위계를 해체하고 다층적 시간성을 형성한다.

이러한 내용을 통해 우리는 무속적 상상력이 단지 종교적 신념에 머무르지 않고, 시간과 현실에 대한 대안적 이해를 제시함을 알 수 있다. 또한 현대 문화콘텐츠는 이러한 전통적 시간 구조를 재활용하며, 과거와 현재, 전통과 대중을 융합하는 새로운 서사를 창출하고 있다. 결국 무속은 현대 문화 속에서도 여전히 유효한 시간 인식의 틀로 작용하며, 문화융합 시대에 새로운 상상력의 원천으로 기능한다.

박영신

창비와 문학동네 등에서 오랜 시간 논픽션 편집자로 일하다 현재는 인문학 독립 출판사 코라초의 대표를 맡고 있다. 책임편집한 책으로 김영하『여행의 이유』 심채경『천문학자는 별을 보지 않는다』토마 피케티『자본과 이데올로기』등이 있다.

시간, 애도, 기억
: 엘프 프리렌이 내게 가르쳐준 것

일본을 비롯한 여러 나라에서 크게 화제를 모은 애니메이션 <장송의 프리렌>의 주인공 프리렌은 천년 넘게 사는 엘프족 마법사다. 용사 힘멜 일행의 일원으로 십 년 동안 이들과 동고동락하며 마왕을 무찌른 프리렌은 왕국에 평화 시대가 도래하자, '짧은 시간이었지만' 즐거웠다며 힘멜 일행과 작별을 고하고 새로운 마법을 연구하기 위해 홀연히 길을 떠난다. 그리고 오십 년 만에 힘멜 일행을 다시 만난 프리렌은 폭삭 늙어버린 친구들을 보고 깜짝 놀란다. 지혜로운 마법사 프리렌도 인간의 시간이 자신의 시간과 다르게 흐른다는 것을 미처 깨닫지 못했던 것이다.

프리렌의 착각은 실은 인간적인, 너무나 인간적인 착각이다.

인간이라면 누구나 시간의 흐름에 따라 늙어 죽는다는 생명의 순리에 대해 명백하게 알지만a priori, 일상의 매 순간 자기 자신이 늙어간다는 걸 인식하며 살아가지는 않기 때문이다. 이러한 존재론적 망각이 없다면, 인간은 죽음에 대한 공포에 질려 일상을 영위하기가 어려울 것이다. 비가역적 생로병사의 길을 따르는 인간에게 이런 망각은 차라리 신의 축복과 같은 것이지만 언젠가 우리는 불가피하게 '나의 죽음'이라는 충격을 받아들여야 한다.

> … 죽음은 낮과 밤으로 이루어진 어떤 지속의 끝맺음이 아니라 언제나 열려 있는 하나의 '가능성'이다. 언제나 열려 있는 이 가능성은 가장 고유한 가능성이다. 그것은 타인을 배제하는, 고독한 가능성이다. 또 그것은 극단적인, 또는 넘어설 수 없는 가능성이다. '가장 고유한'이 가리키는 것은, 존재해야-함에서 자기성으로 나아가는 나만의 것임과 엮인 관계다. 끝까지 생각해볼 때, 나만의 것임은 죽을 수밖에 없음이다. 그 나le Moi만이 죽는다. 또 죽을 수밖에 없는 자만이 나Moi다.
>
> 에마뉘엘 레비나스, 『신, 죽음 그리고 시간』, 김도형 외 옮김,
> 그린비, 2013, 73~74쪽.

세계의 지속과 무관하게 인간은 홀로 죽는다. 세계는 저기 멀

쩡히 태연하게 존재함에도 자신은 홀로 고독하게, 절대적인 무
無가 된다. 그러나 죽음은 미리 체험할 수 없고 오로지 '타자의
죽음'을 목격하는 가운데 당혹스러운 공허로써 감지될 수 있다.
프리렌이 용사 힘멜의 죽음 앞에서 눈물을 흘리는 것도 힘멜이
유한한 생명을 지닌 인간임을 그제야 비로소 절절하게 깨닫기
때문이다. 그리고 이는 프리렌이 인간에 대해 더 알아가기로 결
심하는 계기가 된다.

언제 태어났는지도 언제 죽을지도 모르기에 마치 시간 그 자
체와도 같은 프리렌은 존재의 덧없음으로 인해 그 어느 것에도
흥미를 갖기 어려웠다. 무의미로 가득한 시간. 그러나 용사 힘
멜의 예상치 못한 죽음은 '찰나와 같은' 십 년이 프리렌에게 얼
마나 '의미로 가득한' 소중한 시간이었는지를 깨닫게 했다. 프
리렌은 인간에 대한 무심함으로 인해 사랑하는 친구와 더 많은
시간을 함께 보내지 못했음을 깊이 후회하며 "용사 힘멜이라
면" 했을 법한 약자에 대한 사랑을 실천하며 이전과는 다른 존
재가 된다.

애도는, 상실로 인해 우리가 어쩌면 영원히 변하게 된다는 점
을 받아들일 때 이루어진다. 아마도 애도는 미리 그 변화의 본
격적인 결과를 알 길이 없는데도 그런 변화를 겪겠다고 어쩌

면 변화를 '감수한다'는 말이 맞을 것이다 동의하는 것과 상관이 있다. 우리가 알고 있듯, 뭔가를 잃는다는 경험이 있는가 하면 또 상실이 초래하는 변화라는 결과가 있다. 후자는 그려질 수도, 계획될 수도 없다.

주디스 버틀러, 「폭력, 애도, 정치」, 『위태로운 삶』, 윤조원 옮김,
필로소픽, 2025, 48쪽.

이야기의 도입부에 다뤄지는 이 주제는, 이후로 펼쳐지는 타자에 대한 사랑의 실천과 흥미진진한 모험이 프리렌의 장송葬送, 즉 자신만의 방식으로 친구의 장사를 지내는 이야기임을 암시한다. <장송의 프리렌>은 그렇게 누군가를 애도하는 행위가 이전의 '나'와 다른 나로 변신하기일 수도 있음을 보여주는 작품이다.

기억의 저장고로서의 음악

무의미한 지속에 불과했던 그러니 죽음과도 같았던 프리렌의 시간이 생기로 들어차게 된 계기인 사랑하는 친구의 죽음은 타자와의 친밀한 관계가 삶의 허무로부터 우리가 구원받을 수 있는 열쇠이자 고독한 죽음을 우회할 수 있는 길임을 시사한다. 레비나스가 『시간과 타자』를 통해 인간의 시간이 타자와 연결되어 흐를

아크

수밖에 없음을 말하는 것도 비슷한 이유다.

그러나 애도는 기억할 수 있는 동안에만 가능한 것이다. 과거의 사람이나 사건을 기억하지 못하면 애도 자체가 불가능하다. 따라서 우리는 어떤 상처나 상실을 치유하거나 애도하기 위해, 시간의 흐름 속에서 잊지 않기 위해 일정한 징표를 간직한다. 특히나 그것이 집단적인 것일 때는 다양한 형태의 문화적 징표를 만들어내는데, 그런 문화적 징표의 대표적인 형태가 문학과 음악이다. 문학의 경우는 굳이 홀로코스트 문학을 들먹일 필요 없이, 당장 한강 작가의 『소년이 온다』나 『작별하지 않는다』만 떠올려도 알 수 있다. "과거가 현재를 도울 수 있는가?" "죽은 자가 산 자를 구할 수 있는가?"

그렇다면 음악은 어떻게 기억하며 애도할까? 음악을 통한 애도는 어떻게 가능해질까? 미국의 클래식 음악 비평가이자 문화사 연구자 제러미 아이클러Jeremy Eichler는 『애도하는 음악 Time's Echo』이라는 2023년 저서에서 섣부르게 과거를 미화하여 비극적 사건을 삭제하거나 감상에 빠지지 않고 역사적 트라우마와 무고한 죽음들을 음악이라는 형식을 통해 애도하는 것은 가능한가에 대해 탐구한다. 이 책은 아도르노의 유명한 테제 "아우슈비츠 이후에 시를 쓰는 것은 야만적이다. 그리고 이것은 오늘날 왜 시를 쓰는 것이 불가능해졌는지에 대한 앎마저 부식

시킨다"에 도전하며 아르놀트 쇤베르크의 <바르샤바의 생존자>, 리하르트 슈트라우스의 <메타모르포젠>, 벤저민 브리튼의 <전쟁 레퀴엠>, 그리고 쇼스타코비치의 교향곡 13번을 집중적으로 탐구한다. 음악이 가진 집단적이고 문화적인 기억의 저장고라는 고유한 기능에 대한 탐사이기도 한 이 책은 그 뿌리에 제발트적인 문제의식을 가지고 있다. 시간과 함께 사라지는 기억을 음악이 붙잡을 수 있을까?

> 내가 기억해내기 위해 애를 쓰고, (…) 시체실, 유물실, 박물관 같은 단어들을 읽을 때조차도 그 어둠은 사라지지 않고 오히려 머릿속에서 더 짙어져서, 세상이 마치 스스로를 텅 비운 것처럼 지워져버린 삶과 함께 모든 것이, 줄곧 얼마나 많은 것이 망각 속에 빠져버렸는지 우리는 거의 붙들 수 없고, … 스스로는 어떤 기억의 능력도 갖지 않은 수많은 장소와 물건 속에 달라붙어 있는 이야기들은 이전에 그 누구에 의해서도 말해진 바도, 기록된 바도, 전해진 바도 없었다.
>
> W. G. 제발트, 『아우스터리츠』, 안미현 옮김, 을유문화사, 2009. 전자책

몇 년 전 나는 알 수 없는 이유로 뇌염에 걸려 며칠간 심각한 혼수상태에 빠진 적이 있다. 천만다행으로 건강을 대체로 회복했지만 기억 소실이라는 큰 후유증이 남아 인생의 어떤 부분들

은 시커먼 구멍으로 남아버렸다. 어느 시기에 어떻게 지냈고 웃고 울었는지, 누굴 만났는지 헤어졌는지 알 수가 없다. 그러나 문제는 이것만이 아니다. 기억 소실은 기억을 왜곡하고 내 감정마저 조작한다. 세밀하고 미묘한 감정적 기억이 뭉텅이로 잘려 나가 단순해질 대로 단순해져 앙상한 구조물로서 지금의 나를 겨우 지탱하고 있다. 그러나 아무리 애를 써도 한번 흩어진 기억은 온전히 돌아오지 않아서 오래전 찍은 사진이나 블로그에 남긴 메모 같은 것들로 과거의 나를 겨우 추정할 뿐이다. 누군가가 나 대신 나의 과거에 대해 이야기해줄 때면 때로 서글프고 스산한 기분이 드는 것은 어쩔 수 없지만, 그렇게라도 과거의 나를 필사적으로 붙들고 싶어진다. 현재의 나를 존재하게 하는 건 바로 이전까지의 나의 기억이기 때문에 그렇다. 절대로 잊을 수 없을 것만 같았던, 병에 걸려 앓아누웠던 고통의 시간마저 지금의 나의 일부이지만 그때의 아팠던 기억은 놀랍게도 시간의 흐름과 함께 희미해진다.

제발트는 『아우스터리츠』에서 시간이 부리는 망각이라는 강력한 마법에 대해 이야기하면서 기억과 애도가 불완전한 형태를 띨 수밖에 없다는 비관적 인식을 드러내지만, 제러미 아이슬러는 그럼에도 음악이 듣는 이의 마음 안에서 '시간의 메아리'가 되어 망각에 저항하는 힘이 되어왔다는 점을 세심하게 들춰낸다. 고故 김민기의 <아침이슬>을 떠올려보라. 기억을 붙잡는 음악의 힘은 망각만큼 강력하다.

망각에 저항하는 인간

하지만 우리는 행복했던 시간만을 기억하고 고통은 잊고 싶어 한다. 그러나 이는 한 개인에만 해당하지 않는다. 국가-체제의 공식 기억은 자신의 우월함에 손상을 가하는 수치스러운 역사적 사건은 애써 덮어버리려 한다. 따라서 예술은 시간과 싸워야 할 뿐 아니라, 기억을 없애려는 권력과도 대결해야 한다. 아름다운 아우라로 과거를 감싸려는 시도에 윤리적으로 맞서야 할 뿐 아니라, 노스텔지어가 괴물이 되지 않도록 방어해야 한다. '아우슈비츠 이후'라는 말이 우리가 과거의 모든 사안을 미화하지 않고 직시할 수 있는지에 관한 윤리적 질문을 던지지만, 시간에 의한 마모와 공식 역사의 억압으로 인해 애초에 완벽하게 윤리적이기가 불가능하다면 이 질문 역시 끝없는 역사의 메아리로 남아야 한다. 인간-됨은 그렇게 불안하고 불완전한 기반 위에서 흩어졌다 쌓이기를 반복하는 수밖에 없다.

우리가 유한하고 취약하고, 또 그 모든 타자와 연결되어 그들과 부대끼며 살아갈 수밖에 없는 운명을 가졌다는 것이 누군가에게는 견디기 힘든 존재의 가벼움이겠지만, 망각을 견디는 인간의 능력은 인간을 초월적이게 한다. 이것이 인간인 듯하다.

지 동아시아의 열전과 문화적 냉전, 한국전쟁과 사회의 형성 등에 대해 연구해 왔다.

김민환

한신대학교 평화교양대학 교수로 역사사회학과 문화사회학을 전공했다. 지금까
지 한국과 동아시아의 국가폭력과 국가폭력의 재현, 동아시아의 움직이는 경계,
동아시아의 열전과 문화적 냉전, 한국전쟁과 사회의 형성 등에 대해 연구해 왔다.

'반공력曆'에서 '시민력曆'으로
: 국가 기념일로 읽는 한국 사회의 변화

국가 기념일: 균질한 시간 속의 '신성한 시간'

서구적인 시간관념이 전 세계를 통합한 이후 국가 기념일은 특정 국가가 다른 국민국가nation-state와 자신을 구분하는 '시간 상의 경계선 긋기'의 역할을 해왔다. 즉, 시간적인 측면에서 특정 국민국가를 다른 국민국가와 분리해 주는 것은, 동질적이고 텅 빈 시간homogeneous and empty time 속에 가끔씩 고정되어 있는 '신성한 시간'으로서의 국가 기념일이다. 그러므로 국가 기념일은 그 자체로 특정한 국민국가의 정체성을 반영한다. 조선 왕조가 1895년에 태양력을 채택함으로써 우리 역사에서 1895년 11월 17일부터 12월 30일까지의 날짜를 없앤 것과 함께 개국

기원절開國紀元節을 정해서 기념한 것은 우리의 역사에서 근대적 의미에서 국가 기념일의 성격이 부각된 최초의 예이다.

국가 기념일이라는 이 신성한 시간은 특정 공동체의 역사가 응축된 '열광의 순간'을 환기하며, 성원들에게 '집합기억collective memory'을 각인하고 정체성을 재생산한다. 해외에서 3월 1일을 맞이한다고 한번 생각해 보라. 아주 짧은 시간이나마 자신이 주변의 현지인들과는 다른 한국인임을 느낄 것이다.

현재 한국에는 국가의 법에 따라 지정된 법정기념일이 189개에 달한다. 일 년이 365일이니까 이틀에 한 번꼴로 국가 기념일이 돌아오는 셈이다. 이 기념일들 속에는 '김치의 날'이나 '태권도의 날' 등 민원이나 담당 부서의 필요에 의해 지정된 날도 포함되어 있어 국가 기념일로서의 의미가 불충분한 것들도 많다. 다른 법에 의한 국가 기념일을 제외하고 '국경일에 관한 법률법률'과 '각종 기념일 등에 관한 규정대통령령', 그리고 '관공서의 공휴일에 관한 규정대통령령'이라는 이 세 종류의 법령을 기준으로 할 경우, 한국의 국가 기념일은 모두 59개이다2024년 기준.

59개도 많다고 할 수 있지만, 이 국가 기념일 수의 폭증 자체가 한국의 민주화를 반영하는 측면이 있다. 특히 1987년 6월항쟁 이후, 국가의 기억 독점에 균열이 생기고 시민사회가 국가 기념일 제정의 주체로 부상하면서, 국가 기념일의 수와 성격은 과거와는 질적으로 다른 양상을 띠게 되었다. 또, 매 시기 중요하게 생각되었던 국가 기념일도 달라지게 된다. 1970년대에 학교를 다녔던 사람들은 소위 'UN데이국제연합일'가 공휴일이었던 것을 기억할 것이다. 지금은 거의 잊혔지만 말이다. 우리는 한글날이 공휴일이 아닌 시기를 보낸 적이 있지만, 지금은 한글날이 무려 '국경일'이 되었다. 이처럼 국가 기념일의 변화를 통해 우리 사회의 변화를 살펴보는 것은 매우 흥미로운 작업이다.

국가 주도의 '반공력曆'과 근대화의 시간

한국의 국가 기념일 체제 형성에서 가장 중요했던 시기는 해방 후부터 1950년까지이다. 특히 1948년 대한민국 정부를 수립함과 동시에 지정된 국경일 및 국가 기념일은 지금까지도 중요한 국가 기념일이 되었다. 삼일절, 제헌절, 광복절, 개천절의 4대 국경일과 어린이날, 한글날 등 휴일인 국가 기념일이 그것이다. 이 시기 삼일절 기념식이나 광복절 기념식은 좌파와 우파들이 충돌하여 사람이 죽거나 다치는 일이 생길 정도로 매우 중요한 기념일이었다. 제주4·3사건의 시작이 1947년 삼일절 기념식에서의 발포 사건이었다는 점을 떠올리면 이 시기 국가 기념일의 '정치성'을 이해할 수 있다.

지금도 우리에게 익숙한 국가 기념일들보다는 오히려 국가 기념일이 될 수도 있었으나 되지 못한, 혹은 잊혀진 기념일을 잠시 언급하는 것도 흥미로울 듯하다. 이 시기 좌파들은 조선공산당 창립기념일4월 17일, 메이데이5월 1일, 5·8전승일5월 8일, 독일이 항복한 날, 5·30간도 항쟁기념일5월 30일, 6·10기념일6월 10일, 6·10만세운동 기념일, 소련개전기념일6월 22일, 학생의 날11월 3일, 러시아 혁명기념일11월 17일 등을 기념했다. 이 중 메이데이는 '근로자의 날3월 10일'과 '근로자의 날5월 1일'을 거쳐 내년부터 '노동절'이라는 이름으로 국가 기념일이 될 것이고, 6·10만세운동 기념일은 6·10민주항쟁 기념일과 같은 날인 6월 10일로 지정되었다.

한국전쟁 이후 1987년까지의 긴 시기 동안은 반공 국가 정체성의 확립과 제도적 근대화라는 두 축으로 한국의 국가 기념일이 재편되었다. 특히 한국전쟁을 거치면서 근로자의 날3월 10일-함흥학생의거기념일3월 13일-향토예비군의 날4월 1일-현충일6월 6일-한국전쟁기념일6월 25일-국군의 날10월 1일-국제연합일10월 24일-반공학생의 날11월 23일로 이어지는, 1년을 단위로 주기적으로 반복되는 '반공력反共曆'이 국가력國家曆의 중추로서 자리 잡게 되었다. 이 반공력 중 핵심은 6월 6일 현충일과 6월 25일 6·25전쟁 기념일을 중심으로 해서 6월 한 달 전체를 '호국보훈의 달'로 지정한 것이었다.

동시에 이 시기는 국가가 과학기술, 산업, 보건의료, 행정제도

등의 완비를 기념하는 기념일들전기의 날, 과학의 날, 발명의 날, 철도의 날, 계량의 날, 무역의 날, 나병의 날, 구강의 날, 귀의 날, 약의 날, 눈의 날, 세금의 날, 증권의 날, 관세의 날, 저축의 날, 방송의 날, 영화의 날, 잡지의 날, 보험의 날 등을 대거 제정함으로써 '근대화'의 서사를 국가력에 새겨 넣었다. 이 기념일들은 공휴일로 지정된 경우가 없기 때문에 '임팩트'는 별로 없지만 지금까지도 한국의 국가 기념일 체제에서 중요한 부분을 담당하고 있다.

시민사회의 도전과 '회복의 시간'

1987년 6월항쟁 이후, 그동안 국가에 의해 강제로 '망각'되었던 사건들이 시민사회의 힘으로 국가의 '기억'으로 복권되는 역동적인 변화가 일어난다. '메이데이'의 반半공식적인 부활1994년 근로자의날을 5월 1일로 변경과 5·18민주화운동 기념일1997년, 제주4·3사건 희생자 추념일2014년의 국가 기념일 지정은 가장 대표적인 사례이다.

메이데이5월 1일의 부활은 이런 변화의 출발이자 시민사회의 힘에 의해 국가 기념일이 지정되는 동력을 가장 잘 보여준다고 할 수 있다. 앞에서도 언급했지만, 한국에서는 1957년부터 메이데이 대신 근로자의 날3월 10일, 대한노총창립일이 지정되어 기넘되었다. 그러나, 87년 7월, 8월, 9월의 노동자 대투쟁 이후 힘을 얻어 가고 있던 민주노조운동 세력이 주축이 되어 3월 10일 근로자의 날을 거부하고 메이데이를 비공식적으로 부활시킨다. 1989년 세계 노동절 100주년 기념일을 맞아 당시 민주노조운동 진영은 대대적인 기념행사를 준비했다. 정부는 당연히 기념식을 원천 봉쇄하기로 했다. 여기에 대해 이날 행사를 계획한 측은 정부의 원천 봉쇄를 뚫고 집회를 강행한 한편, 국가권력을 '집회 및 시위에 관한 법률 위반', '직무유기 및 직권남용'으로 고소한다. 그 이후 메이데이 기념식은 매년 정부와 노동계의 힘겨루기 양상으로 전개되었다. 그러다가 1994년 3월 9일에 '근로자의날 제정에 관한 법률'을 개정하여 근로자의날이 5월 1일로 변경되었다. 37년 만에 메이데이가 공식적인 국가 기념일로 부활한 것이다. 물론, 그 명칭은 메이데이 혹은 노동절이 아니라 근로자의 날이었지만 말이다. 노동계에서는 근로자의 날 대신 '노동절'이라는 이름을 쓸 것을 주장했다. 당시 국회의사록을 확인해 보면, '절'이라는 이름은 4대 국경일에만 붙는 것이기 때문에 근로자의 날을 노동절로 할 수 없다는 내용이 나온다. 무엇인가 옹색한 이 논리는 한글날이 국경일이 되면서 무너지게 된다. 5월 1일이 근로자의 날이 된 지 32년 만인 2026년부터 공식적인 명칭이 '노동절'로 변경되고 공휴일이 된다.

5·18이 '5·18민주화운동 기념일'로 지정된 것도 중요한 변화

 아크

이다. 80년대 중반까지도 5·18 참여자들은 국가에 의해 '폭도'라는 명칭으로 낙인찍힌다. 이 폭도라는 낙인에 대항해서 그것을 극복하는 과정이 80년대 민주화 운동의 중요한 부분이었던 만큼 5·18은 1980년 민주화 운동의 모태라고 할 수 있다. 1980년대 민주화운동에서 5.18은 시민사회가 자체적으로 만들어낸 민중적 기념일이었다. 이 기념일의 기념식은 그 자체로 '투쟁'이었다. 1981년부터 1987년까지는 정부와 직접적인 대립을 피할 수 없었던 비합법적 투쟁으로, 1988년부터 1992년까지는 반半합법적 행사로 진행되었고, 문민정부 수립 이후 합법화되어 국가 의례의 성격이 강화되었다. 그리고 1997년 마침내 국가 기념일로 지정된 것이다.

국가 폭력의 희생자들이 '가해자'인 국가의 법과 제도에 의해 기려지기 위해서는 양보와 조정과 '타협'이 불가피하다. 예를 들어, 많은 사람들이 5·18을 '5·18광주민중항쟁'이라는 이름으로 꽤 오랫동안 불러왔지만, 제도화된 기념일 명칭에는 '광주'도 빠져 있고 '민주화운동'이라는, 약간 밋밋한 이름이 붙어서 '5·18민주화운동 기념일'이 되었다. 또, 유공자를 국가가 '선별'하게 되어 버려 5·18에 참가했지만 죽거나 다치거나 감옥에 가거나 하지 않은 아주 많은 사람들이 제도적으로 '배제'되었다. 지금은 두 묘역의 연계가 과거보다는 강화되었다고 하더라도 망월동 구묘역과 국립 5·18민주묘지의 분리도 이 맥락에서 이해할 수 있다.

가장 최근의 '제주4·3사건 희생자 추념일'의 지정2014년은 우리 사회의 성과와 한계를 뚜렷하게 보여준다. 과거 4.3 사건을 바라보던 국가의 공식 해석은 '반란'이었다. 즉, 1948년 4월 3일 새벽 2시를 기해서 제주도에서 일어났는데, 폭동을 일으킨 자는 '빨갱이'들이며, 이들은 제주도를 비롯해 이 땅을 적화시키기 위해서 만행을 저질렀고, 이를 진압한 것은 당연하다는 것이었다. 이런 입장은 4.3을 어둠의 심연에 묻어 두었던 것으로 이를 다른 시각으로 거론하는 것 자체가 금기시되기도 했다. 그러나 제주도민을 중심으로 끊임없이 문제를 제기한 결과 '반란'이라는 공식적 해석에 반하는 시각이 점차 힘을 얻게 되었다. 마침내 지난 2014년, 4월 3일은 '4·3희생자 추념일'이라는 명칭으로 국가 기념일로 지정되었다. 이 국가 기념일의 제정은, '제주4.3사건 특별법'이 제정된 후 '제주4·3사건 진상규명 및 명예 회복위원회'가 『제주4·3사건 진상조사 보고서』를 발표하고, 그 보고서에 따라 대통령이 국가원수의 자격으로 유족과 제주도민들에게 '공식적인' 사과를 하고, 또 제주4·3 평화공원이 완성된, 4·3 사건 해결을 위한 '특정한 방식'의 긴 여정이 드디어 '일단락一段落'되는 시간적 측면에서의 상징적 사건이다.

'제주4·3사건 희생자 추념일'이라는 명칭을 통해 두 가지를 이해해야 한다. 첫째, 이 명칭은 제주4·3사건에 대한 현재의 법·제도적 정의에 매우 충실하다는 점이다. 특별법이나 『진상조

　　　　　　　　　　　　　　　　　　　　　　아크

사보고서』에서 4·3사건은, 중간의 수식어를 모두 제외하면, "주민들이 희생당한 사건"이 된다. 따라서 주민 희생을 강조하고 있다는 점에서 이 기념일의 명칭은 적합한 것이다. 그러나, 이 명칭은 제주4·3사건의 역사적 의미에 대한 평가를 생략하고 있는 것이기도 하다. 즉, 제주4·3을 '항쟁' 등의 이름으로 부르지 못하고 '사건'으로 남겨두고 있는 것이다. 따라서 그것은 현재의 한계 또한 반영하고 있다. '광주 사태'가 아니라 '5·18민주화운동'이라는 역사적 의미가 붙은 5·18과 달리, 여전히 4·3은 '사건'인 것이다.

지방 공휴일 지정과 다채로운 시민력曆의 가능성

'각종 기념일 등에 관한 규정대통령령'이 처음 제정된 1973년에는 4대 국경일을 포함하여 법정기념일이 30개가 채 되지 않았으나 2024년 4월 기준으로는 59개가 되었다. 이러한 국가 기념일 수의 증가는 그 자체로 우리 사회가 개방성이 높아지고 다양성이 증가했으며 시민사회의 자율성이 향상된 지표로 읽을 수 있는 것은 아닐까? '장애인의날' 같은 새로운 기념일들은 국민 전체의 '열광의 순간'을 기념하는 것이 아니라 우리 사회가 사회적 약자를 공동체의 일원으로 포용하려는 윤리적 지향을 국민력에 새기려는 다짐이거나, 특정 산업이나 문화를 보존하고 진흥하려는 정책적 의지의 표현이다. 이들은 기존의 '신성한 시간'을 대체하지 않지만, 그 옆에 나란히 존재하며 우리 사회가 추구하는 다채롭고 포용적인 다양성의 시간을 상징한다.

시간적인 측면에서 다채롭고 포용적인 다양성의 증가를 상징하는 또 다른 지표가 '지방 공휴일' 지정이 가능해졌다는 것이다. 현재 각 지자체에 의해 지정된 지방 공휴일은 3개이다. 제주도의 '4·3사건 희생자 추념일', 전북 정읍시의 '동학농민혁명 기념일', 광주광역시의 '5·18민주화운동 기념일'이 그것이다. 지방 공휴일 지정에는 해당 지역의 합의, 노동법상의 난제 등 어려움이 있지만, 국가의 시간만 존재했던 우리 사회에 '지방의 시간'의 가능성을 보여준다는 점에서 눈여겨볼 만하다. 안산시의 시민사회는 4월 16일 '세월호 참사'가 발생한 날을 안산시 지방 공휴일로 지정하여 공동체가 기억하려 하고, 성남시에서는 8월 10일 '광주대단지사건' 발발일을 지방 공휴일로 지정해서 자신들의 기원과 정체성을 고민하자는 논의가 시작되고 있다. 이런 지방 공휴일이 우리의 달력 안으로 들어오게 되면 우리는 단일한 '국민력'에서 다채로운 '시민력'을 갖게 될 것이다. 확실하게 경계가 그어진 국민국가의 시간보다는 이렇게 모자이크처럼 흘러가는 시간을 갖는 것에서부터 어떤 회복과 통합의 가능성을 찾게 되지 않을까?

'각종 기념일 등에 관한 규정_{대통령령}'이 처음 제정된 1973년에는 4대 국경일을 포함하여 법정기념일이 30개가 채 되지 않았으나 2024년 4월 기준으로는 59개가 되었다. 이러한 국가 기념일 수의 증가는 그 자체로 우리 사회가 개방성이 높아지고 다양성이 증가했으며 시민사회의 자율성이 향상된 지표로 읽을 수 있는 것은 아닐까?

전이섭

'실사구시實事求是'하는 삶을 살겠다며 귀향하여 '문화교육연구소田'을 설립, 활동해오던 것이 과업이 되었다. 그동안의 배움과 경험을 살려 가치 있는 삶으로 지역사회에서의 역할을 해 나가고자 한다. 지은 책으로 『나無』, 『토포필리아 양산』, 공저 『부산의 낙동강 마을』 등 로컬, 인문 기반의 저서들이 있으며 실천철학의 견지에서 다양한 영역의 로컬콘텐츠를 창작, 공유하면서 문화인으로서의 소신과 소임을 이어가고자 한다.

Remind Story

기억을 되돌려보는 시간

'기억'의 이야기를 끄집어내어 본다. 그리고 지역과 사람들의 이야기로 시간을 펼쳐보고자 한다. 나의 지난 기억을 되돌려보는 시간이기도 하다.

급변하는 흐름 속에 삶의 방향성을 보다 구체화하는 데 조금이나마 도움을 줄 수 있는 것이 먼저 살아온 사람들의 지난날에 대한 기억이라 생각했다. 대의적인 역사보다는 소박하지만, 현재 이곳에서 살아가는 우리들과 더 직접적인 관련이 있기 때문이기도 하고 그 기억은 미래의 시간을 설계하는 데 도움이 될 수 있기 때문이었다.

지역의 역사적 시간을 문화 자산으로 남기는 하나의 방법 중 지역을 살아온 사람들의 기억을 기록으로 남기는 구술口述 아카이브archives에 주목했다. 이는 인터뷰를 통해 어떤 사람들의 기억이 역사적 내러티브narrative로서의 지위를 부여받게 되는 것으로 구술자는 개인의 삶 속에서 역사의 규명 작업에 참여하게 되고, 채록자는 문헌에서는 볼 수 없었던 역사의 또 다른 장면과 만나며 해석에 따라 새로운 역사적 지위를 부여할 수도 있다 생각했다.

『토포필리아 양산』과 『부산의 낙동강 마을』을 집필하면서 만났던 지역 어르신들의 지난 시간 생활 문화를 되짚어보며 기억의 기록 중요성과 그 축적에 대해서, 그리고 앞으로의 시간에 대해서 가늠해 보고자 한다. 이는 오늘의 시간을 좀 더 유용하게 쓰기 위한 기억의 이야기다. 선현들의 발자취를 더듬어 미래로 이어지게 하는 시간이다. 나와 내 지역을 더 알아가는 시간이다.

문제의식

우리는 어려서부터 학교 교육의 현장에서 수많은 교과목을 배우며 어떻게 정답을 구해 더 많은 점수를 얻는지, 또 우열을 가리는지 배워왔다. 그리고 사회로 나와서는 어떻게 일을 해결하

　　　　　　　　　　　　　　　　아크

며 어떻게 이겨 자리를 차지하고, 어떻게 소득을 늘리고, 어떻게 효율적으로 소비하나 등에 길들여져 왔다.

그러나 '어떻게'라는 삶의 연속에서 주입됐던 일반적 지식은 우리에게 많은 착각을 주기도 했다. 삶이 아니라 앎이 지식의 전체가 되어가고, 세상에 대한 호기심과 다양한 질문을 통해 스스로 터득해 가며 자신답게 존재할 수 있는 궁리와 실천보다는 정답을 요구하고 가르쳐왔기에 소유와 방법을 먼저 배우게 된 것이다. '왜'보다 '어떻게'가 더 중요했었다.

수많은 미디어와 SNS를 통해 쏟아지는 피상적 앎들이 과연 자기 속에서 다양한 질문과 걸러짐으로 진정 자기화되는 것인가? 그 앎들은 타인을 해치는 무기가 되고, 타인 위에 군림하기 위한 수단으로 누적되어 가는 것이 아닐는지 세상사를 통해 점점 생각이 복잡해지는 시간이었다.

지역사회에서 실사구시實事求是를 하겠다는 신념으로 고향 양산으로 돌아와 연구소를 십수 년째 이어오면서도 지역을 깊이 알지 못했다. 그래서 더 구체화하고 싶다고 생각하게 되었고, 나름의 비판과 대안을 제시해 오다가 직접 실행에 옮기게 되었다. 그동안 객지에서의 여러 학업과 다양한 조직 속의 활동 중 영감을 주었던 많은 사람들과의 만남과 담당했던 여러 사업의 경험이 있어 가능했다.

몇 해 전까지 부산의 문화행정 영역에서 활동했다. 주로 담

당했던 사업들은 정형화된 사업보다도 기획 사업이 대부분이었
다. 처음부터 발품을 팔고, 여러 사람을 만나가며 지역을 알아가
는 험난한 과정들이었지만, 긍지와 보람을 찾는 결실도 맛보고
조직에 일익을 할 수 있는 기회도 되었다. 당시에는 힘들었지만,
지나 보니 내외적 성장이 있었던 시간이라 생각된다.

가치 지향의 학문과 일을 쫓다 보니 업무를 하면서 다시 학업
도 병행했다. 거처가 있는 양산을 출발하여 동쪽의 수영강변을
따라 도시고속도로를 관통하며 부산의 직장에서 일을 하고, 다
시 도심을 뚫고 횡단하여 서쪽의 대학에서 학업을 마치고 다시
양산으로 돌아왔다. 이렇게 낙동강변 도로를 종단하는 사이 자
연스레 양산과 부산이라는 도시의 경계에서 공통점과 차이점을
읽어낼 수 있었다. 그 오가는 시공간 속에서 나는 새로움을 지각
하며 기억의 기록에 대해 숙고의 시간을 보냈다.

단순히 현재의 행정체계 안에서의 지형을 읽어 들이는 것뿐
아니라 그 속을 살아왔고, 살아가는 사람들의 삶을 나의 시선으
로 바라보고, 해석하며, 풀어가는 과정의 기쁨이 커다란 배움의
시간으로 자리하게 되었다. 양산과 부산, 그리고 인근 도시의 지
역문화 속에서 동질의 또는 각각 나름대로 구축해 온 문화 생태
계를 이야기해 보고 싶었다.

동서 양쪽의 강을 통한 문화의 차이가 혼재하는 점이지대가
부산이라는 도시였다. 다양성은 부산 문화의 여러 특징 중 하나

라고 생각하게 되었다. 그때 진행한 인문학 프로그램들은 시민들의 호응을 많이 얻었고, 프로그램을 진행하는 동안 나의 만족감과 배움은 아주 컸다. 이렇게 지역에 대한 자연스러운 호기심은 스스로에게 질문을 던졌고, 스스로 궁리하며 풀어가는 과정을 맛보는 소중한 시간으로 자리 잡게 되었다.

기억의 문화적 실천

왜 지난 시간의 사람들에게서 '기억'의 이야기를 끄집어내려 했는가? 급변하는 시대에 미래 삶의 방향성을 조금이나마 구체화하여 제시해 줄 수 있는 지역 사람들의 지난 기억이 대의적인 역사보다는 우리와 더 직접적인 관련이 있지 않을까 해서이다. 그리고 그 기억은 현재를 살아가는 우리를 돌아보고, 미래를 설계하는 데 보다 도움이 될 수 있을지도 모른다는 생각이다.

"역사적 구조란 당대인에게 보이지 않는, 그리하여 사후적으로 비로소 파악될 수 있는 과정 및 관계를 의미한다. 그러나 오늘의 문제인 정리되지 않은 과거는 보이지 않는 구조의 문제가 아니라 그 여파가 생생하게 느껴지는 경험의 문제다. 생생한 경험으로서의 과거, 즉 삶으로서의 과거는 역사라기보다는 기억의 문제이다"라고 김학이는 「얀 아스만Jan Assmann의 "문화적 기억”」에서 이야기했다.

그동안 지역에서 스토리텔링story-telling이 크게 주목받지 못했던 이유는 지역 고유의 정체성을 담아내는 참신함이 빠진 획일화 속에서 지역을 살아왔고, 살아가는 사람들의 이야기가 빠진 채 먼 과거의 위인들에게서 찾으려 했기 때문이지 않을까 종종 생각했다.

아울러 그동안의 역사 연구는 국가의 전체 역사 수준에서 주요 역사적 사건을 중심으로 다루는 경향이었기에 지역사에 대한 이해와 교육은 상대적으로 소홀하지 않았는지 생각해 보았다. “1990년대 지방자치제 이후, 관심을 기울여야 할 대상은 생활사 분야로 구술 자료와 같은 자료원의 확대가 필요하다”라는 학자들의 문제 제기이해준, 2001, 『근현대 지방사료 수집의 방향과 과제』가 따르면서 지역 연구의 당위성과 방법론에 새로운 인식 변화가 생겨나기도 했다.

근현대 지역의 변천사와 함께 보고, 듣고, 느꼈던 유무형의 자취를 끄집어내기 위한 구술口述 아카이브archives는 그곳에서 현재를 살아가는 보통의 우리들 모습을 더 제대로 읽어 들이고, 기록하여 내일의 거울로 삼고자 함이었다. 지역의 이야기도 자신과 관계가 얽힐 때 비로소 더 관심을 보이기 마련인 것이다.

현재가 과거를 재구성하고, 그렇게 구성된 문화적 기억은 다시 현재를 재구성하며 미래로 나아간다. 기억은 사회적 공감을 통해서 새롭게 구성되고 다양한 의미를 가지는 것으로 나는 '기억의 문화적 실천'이라 명명하였다.

스토리두잉 story-doing

지역의 소중한 역사적 기억들을 문화자산으로 남기는 하나의 방법 중 지역을 살아온 사람들의 증언을 기록으로 남기는 구술 아카이브 구술사口述史는 면담을 통해 사람들의 기억이 역사적 내러티브 narrative로서의 지위를 부여받는 과정이다.

한 개인의 주관적 기억과 경험을 중심으로 구술된 내용을 역사 서술의 대안이나 사료의 지위를 부여할 수 있나 하는 논란도 있을 수 있다. 이를 극복하기 위해서 역사 서술에서 주로 다루는 거시적 사회 과정과 개인적 기억의 주재료인 미시적 사적 서술을 조화롭게 연결하는 방법을 찾기 위해 고민했다. 그리고 구술자가 속한 사회나 문화 속에서 어떤 위치에 있는 사람인지를 밝히고, 어떠한 사회적, 역사적 조건에서 살았는지, 그 삶의 맥락은 어떤 것인지를 제시해야만 지역성과 보편성을 인정받을 수 있을 것이라 생각했다.

그 때문에 내가 살아오지 않았던 그 시간을 제대로 읽어 들이고, 그 하나하나의 이야기들을 그때의 시간과 공간 속에 제대로

끼워 맞추는 작업은 어렵고도 흥미진진한 시간이었다. '앎의 소용돌이' 속으로 빠져드는 시간이었다. 어려웠지만, 보람되고 유익한 시간이었음에는 틀림이 없다.

앞선 문제의식에 좀 더 부연하자면, 세상은 이미 존재하는 중요 기록물을 찾아 답습하고 어떻게 보존할 것인가에 대해 더 많은 고민을 하고 있다. 하지만 어제와 오늘, 그리고 내일의 역사를 만드는 일에는 관심이 덜하다는 생각이다. 개인사에서 가족사, 범위를 넓혀 지역, 국가 단위에 이르기까지 기록의 대상은 더 넓고 깊어졌다. 기술 발달의 보편화는 핸드폰 하나로도 글, 그림, 사진, 영상 등 다양한 형식으로 기록할 수 있는 세상이 되었는데도 저장으로만 남을 뿐 기록의 생산적 효과는 부족하다는 문제의식을 느끼기도 했다.

그래서 양산이라는 지역의 터무니, 사람 무니무늬를 잇는 노력을 내가 직접 해보면 어떨까? 지역의 가치, 사람의 가치를 찾아내는 일, 그것은 학자나 전문가가 아니라 대대손손 이곳에 머물러 살아왔고, 살아갈, 또 이곳을 사랑하는 내가 잘할 수 있는 일이라 생각하고 기록으로 남기는 활동을 진행했다.

이런 나의 문제의식과 대안을 실천으로 옮겼다 하여 '스토리 두잉story-doing'이라 이름 지었다. 그리고 지리학자 이푸 투안Yi-fu Tuan이 고유성과 역사성을 지니며 거주자의 의식과 경험을 반영하여 의미를 지니게 되는 장소에 대한 연구의 중요성을 강

　아크

조한 그리스어의 장소, 땅을 의미하는 토포스topos와 애착, 사랑을 의미하는 필리아philia를 합성해 'Topophilia장소에 대한 사랑'로 개념화시킨 용어를 차용했다. 그렇게 지역 단위를 좁혀 양산이라는 장소에서 살아가는 사람들 속에 내재된 시간과 삶의 가치를 성찰해 보는 것으로 가닥을 잡았다.

기왕에 하는 이야기라면 지역에서 대대로 살아온 사람들에게는 자존감을 북돋우고, 이주해 온 사람들에게는 도시의 정체성을 알리고 싶었다. 앞으로 살아갈 다음 세대를 잇는 연결고리로 주체적으로 문화를 전승하는 '자존의 문화'에 깊이 의미를 두었다.

／ 양산 덕계경로당, 동면 산지마을경로당에서 만난 어르신들

그렇게 2021년부터 15개월간 양산 전역을 순회하며 138명의 지역민들과 만남의 시간을 정리한 것이 『토포필리아 양산』이었다. 나이는 주로 70~90대의 고령층이 많았다. 시간을 머금은 어르신들의 실존 증언을 통해 지역 근현대의 생활 문화를 기록하

고자 하였기 때문이다. 몇 년 시간이 흐르는 동안 이미 열 분 이상이 작고하여 더 이상 담을 수 없는 이야기가 되었다는 사실이 안타깝다. 성별로는 남성 비율이 높았다. 남성들의 대외적 활동 이면에 여성들의 결혼과 관련한 지역 내 이동이라든가 가정사를 통한 경제와 교육의 내용도 좀 더 충실히 다루었더라면 하는 아쉬움도 있다.

가급적 미담美談을 찾아 선한 영향력을 지역사회에 전하고자 하였으나 역사는 있는 그대로 서술되어야 하기에 국민보도연맹, 빨치산과 같은 시대의 아픔들도 많은 분량 다루게 되어 어렴풋하게 알던 현대사의 비극을 구체적으로 알 수 있는 기회가 되기도 했다. 무엇보다 지역을 살아가는 다양한 사람들의 진솔한 삶을 듣고, 보고, 배우는 소중한 시간이었다. 또 이를 충실히 담고자 했던 나의 기록들이 지역사회의 문화 발전에 하나의 작용점으로 보탬이 되기를 바라는 시간이었다.

'Topophilia' 장소에 대한 사랑은 시간의 흐름과 함께해 온 삶의 궤적이 고스란히 녹아있는 존재의 뿌리이자 문화적 코드라 나는 자부한다. 한 사람의 수기라든가 지역 홍보물의 수준이 아니라 각자 다른 나이, 직업, 관심사를 가진 지역민들이 공통으로 양산이라는 공간과 근현대라는 시간을 중심으로 맥락과 정서적 층위 속에서 삶의 편린들을 재조합한 실천적 문화 기록이다. 단순히 기록을 넘어 다시 그 시간과 장소를 걷고, 다양한 채

 아크

널을 통해 실천하는 행위로 확장되어 지역의 가치를 재발견하고 창조해 나가는 하나의 문화운동이라고 이야기할 수 있다.

／ 부산 강서구 대저에서 만난 박홍목 어르신

『부산의 낙동강 마을』은 2022년 부산 지역의 연구자 세 명과 함께 공동 집필한 「부산학 연구총서-마을의 미래Ⅵ」로 각자 구포, 덕포, 대저, 명지 지역을 담당하여 낙동강과 함께한 마을의 과거와 현재를 가늠해 보며 그동안의 변화 추이를 통해 미래를 위한 제언을 했던 내용이다. 나는 부산 강서구의 대저 지역을 맡아 자연마을 현황을 비롯하여 개발의 장단長短, 생태환경의 찬반贊反 등에 대해서도 고찰하며 대저를 톺아보게 되었다.

깊이 살펴보기 위해서도 개개인의 삶과 연관지어 여러 측면에서 탐색했다. 근현대 대저 지역의 역사와 다양한 장면들을 마주하며 문헌에서는 볼 수 없었던, 또는 문헌 속 내용을 더 구체적으로 이해할 수 있었다.

구술 아카이브의 대상자들은 주로 일제 식민지 시기 대저 일원의 2세대들70~80대이었으며 현재도 대저에서 다양한 활동을 하며 시간의 흐름을 읽고 있는 분들이다. 구술을 통한 탐색 내용은 크게 여섯 가지로 분류하여 인근 지역과의 관계성, 대저로 이주하게 된 배경, 일제 식민지의 시대상, 근현대 문화유산, 농사, 교육으로 살펴보았다.

개개인들의 구술을 통해 식민지 시절 일본 지주들의 농토를 조선인이 어떻게 입수할 수 있었는지에 대한 구체적 내용을 들을 수 있었다. 과수원 농장 운영 실태, 현존하는 근현대 문화유산건조물을 통해 시대상을 알 수 있었고, 급변하는 시대 상황 속에서 건물의 쓰임이 변하는 모습 또한 인상적이었다. 1980년대 이후의 화훼 농사와 버섯 농사, 돼지사육 등의 농축산업 사례들은 일반적인 문헌에서는 찾아볼 수 없는 지역 생활 문화사의 중요한 부분이기도 했다. 각자 다른 생활 여건 속에서도 자식들에게 고등교육을 시킬 수 있었던 경제적 배경배 과수원 경영 등 격동의 시기에 개개인의 고달픈 삶의 역사가 절절히 배어 있었다.

이렇듯, 두 집필을 이어오면서 다 열거할 수는 없지만 내 머리와 가슴은 그 시간과 공간 속에 깃든 향기를 기억하게 됐다. 사람의 이야기에 귀 기울이고, 그 이야기가 기록되어 하나의 결과물로 나타나는 경험은 그 자체로서 소통이었다. 어떤 분들에게는 치유의 과정이 되었을 거라고 생각한다.

도시지역는 사람으로 채워지고, 사람은 시간의 층위인 기억으로 연결된다. 두 글은 그 연결의 서사이자 지역의 미래를 준비하는 가장 따뜻한 방식이라 나는 자부한다. 지역민들의 삶에 공감하고, 공유하는 따뜻한 실천 행위였다고 감히 이야기하고 싶다. 그들의 삶 속에서 구체적으로 시간과 공간을 경험했던 나의 기억이다. 田

/ 『토포필리아 양산』 북 콘서트

류영진

부산대학교 사회학과와 동 대학원에서 석사를 마치고 일본 후쿠오카대학에서 경제학 박사학위를 받았다. 현재는 일본 후쿠오카대학 경제학부 교수로서 재직하고 있다. 주요 전공 분야는 문화경제학으로 일상부터 예술에 이르기까지 다양한 문화적인 요소들이 경제에 어떻게 영향을 미치는가에 지속적인 관심을 가지고 연구 활동을 이어오고 있다.

느리게 흐르는 시간 속에서
일본은 어디로 가는가?

일본의 시간은 느리다

일본을 이야기할 때 우리는 자주 '느리다'는 감각을 떠올린다. 은행에서 통장을 만들고자 하면 수 시간을 써야 하고, 동네 구청에서 단순한 인감 증명서 하나를 발급받는 데도 여러 창구를 거쳐야 하는 절차의 복잡함을 경험한다. 로켓배송에 익숙한 한국인들이라면 기본 3일씩 걸리는 배송에 복장이 터질 터이다. 눈앞의 문제를 해결하는 속도만 놓고 본다면 이는 불편이고, 불합리로까지 보인다. 그러나 일본 사회에서 이 느림은 단순히 행정이나 생활의 비효율에 그치지 않는다. 그것은 시간의 흐름을 받아들이는 일본 특유의 태도, 곧 문화적 감각에서 비롯된다. 필자 역시 일본에서 일상을 보내며 이러한 시간 감각에 어느 정도 젖어 들어 구청에서 한두 시간은 별로 이상하게 느껴지지 않을 정도이다_{참고로 필자는 아기의 출생신고 관련에 2시간이 넘게 걸렸다.}

일본인들에게 있어서 신중하게 확인하고, 합의가 이루어질 때까지 시간을 들이며, 일단 정해진 것은 쉽게 바꾸지 않는 태도는 생활 전반에 배어 있다. 전통 사회에서 농사가 계절의 리듬에 따라 천천히 진행되었던 기억, 장인들이 한 가지 기술을 수십 년에 걸쳐 완성해 나가던 과정, 그리고 전후의 폐허 속에서 마을 단위로 재건을 의논하며 조금씩 돌을 쌓아 올리듯 일구어낸 경험들이 모두 '시간을 늘려 쓰는 방식'을 사회 전체의 습관으로 만들었다. 이는 단순한 지연이나 게으름이 아니었다. 일본에서는 어떤 일을 할 때 "얼마나 빨리 끝낼 수 있느냐"보다 "얼마나 정성스럽게 시간을 들였느냐"가 더 중요한 가치로 여겨진다.

이러한 시간 감각은 현대 일본의 경제와 산업에도 깊게 반영되어 있다. 예컨대 스마트폰 시장에서 일본은 오랫동안 피처폰을 고집하다 결국 세계적 흐름에 뒤처지고 말았다. 피처폰의 기술로만 놓고 본다면 일본이 세계 제일이었지만 문제는 시대가 피처폰의 그것이 아니라는 것이었다. 당시 많은 외국 언론은 일본이 과거의 영광에 갇혀 혁신을 따라잡지 못한다고 평가했다.

　　　　　　　　　　　　　　　　　　아크

실제로 세계인의 손에는 아이폰과 갤럭시가 쥐어졌지만, 일본의 거리에선 지금도 접히는 휴대전화가 살아남아 있다. OTT 시장이 확장되어 가도 비디오와 DVD 대여가 아직 살아남아 있으며, 현재도 선진국 중에서 카드나 전자결재 보급이 가장 더딘 일본이다. 축적을 위한 시간이 때로는 변화의 기회를 놓치게 만든다. '시간을 존중한다'는 태도가 '시간에 머문다'는 결과로 이어질 때, 그것은 도약이 아니라 정체로 작용한다. 느림은 명백히 약점이 된 것이다.

그러나 같은 느림은 일본을 지탱한 힘이기도 했다. 반도체 소재, 정밀 기계, 로봇과 자동차 산업 등에서 일본은 기초부터 차근차근 축적해 온 기술력을 무기로 삼아 지금도 세계 시장에서 중요한 위치를 차지한다. 단기간의 성과를 좇지 않고, 몇십 년에 걸쳐 세대를 이어 기술을 다듬어온 기업들이 있었기에 가능했던 일이다. '급하지 않음'은 곧 '가볍지 않음'으로 이어지고, 서두르지 않은 만큼 무겁게 쌓아 올린 결과물은 쉽게 무너지지 않는다. 일본의 느린 시간은 패배와 승리, 두 얼굴을 동시에 품고 있는 셈이다.

일상의 리듬에서도 마찬가지다. 일본의 회의 문화는 길고도 지루하다는 비판을 받지만, 그 지연 속에서 책임의 무게를 나누고, 불필요한 마찰을 최소화하려는 배려가 숨어 있다. 고속철도

신칸센이 분 단위의 정확함을 유지하는 것도, 수많은 점검과 반복을 통해 시간을 쪼개어 관리해 온 느림의 결과다. 그래서 일본의 느린 시간은 단순히 속도의 문제가 아니다. 그것은 시간을 통해 사람과 제도를 단단히 엮어내는 방식이자, 이 사회가 유지되는 한 가지 원리였다.

물론 이 느림은 늘 양가적이다. 세계가 속도의 경쟁으로 달려가는 시대, 일본은 느린 시간 때문에 뒤처지기도 하고, 또 그 느린 시간 덕분에 독자적인 길을 걷기도 한다. 문제는 그 느림이 어디로 향하고 있는가 하는 점이다. 성찰과 축적을 향한 시간이라면 그것은 저력이 된다. 그러나 자기만족과 회귀에 머무르는 시간이라면, 결국 발목을 잡는 족쇄로 작용할 수밖에 없다. 일본의 느린 시간은 지금까지 두 가지 가능성을 오가며 존재해 왔고, 앞으로도 그 기로 위에서 끊임없이 질문을 던지게 할 것이다.

정치와 시간 회귀

일본의 느린 시간은 종종 미래를 향한 발걸음을 더디게 만들고, 그 자리를 대신해 과거로의 향수를 불러낸다. 오랫동안 천천히 흘러가는 시간 속에서는 불만도 울혈도 단단히 퇴적되어 가는 법이다. 공교롭게도 시간은 누구에게나 주어진 것이기에, 느리게 시간을 사용하는 만큼 누군가는 더 천천히 자신의 이득과 권력과 명예를 공고히 다져가고, 누군가는 솥 안의 개구리처럼 천천히 그리고 손쓸 수 없게 삶 속에서 정체되어 간다. 문득 많은 시간이 흐른 뒤 아무 말도 해보지 못한 채 뒤떨어져 남겨진 자신을 발견하게 된다. 떨어져 남겨진 이들은 앞으로 나아가기보다 출발점을 되돌아보기 마련이다. 느린 시간 속에서 추월이라는 것을 쉽게 꿈꾸기 어렵다.

일본 사회의 느린 시간은 과거를 끊임없이 호출하는 성향으로 이어진다. 한 시대를 떠나 새로운 국면으로 넘어가는 대신, 이미 지나간 시간을 그리워하며 되풀이하는 것이다. 이러한 감각을 적나라하게 포착해 내고 이용하는 것은 언제나 정치의 장이다. 2025년 10월, 일본 자민당은 새로운 총재로 다카이치 사나에를 선출했다. 당선 직후 다카이치는 "워크 라이프 밸런스 따위 무시하고 일하고 일하고 또 일하겠다"라는 발언을 내놓았다. 언뜻 보면 앞으로 질주하려는 결의처럼 들리지만, 사실상 과거 일본이 근면을 최고의 미덕으로 삼던 시대를 재현하겠다는 선언에 가깝다. 산업 고도성장기의 기억을 끌어내어 다시금 일본인의 생활 원리로 세우려는 듯한 모습이다. 질주라기보다는 회귀의 리듬이라 할 수 있다. 동시에 일본 참정당은 지난 중의원 선거에서 "일본의 어머니상을 되찾겠다"라는 구호를 외쳤다. 이 발언이 가리키는 되찾고 싶은 과거는 어디일까? 전후 민주주의의 성취가 아니라, 전쟁 전 가부장적 질서의 그림자일지도 모른다. 결국 일본이 돌아가고 싶어 하는 노스텔지어는 '전진'이 아니라 '복귀'의 형태로 제시되는 경우가 많다. 천천히 시간을 경험하는 일본은 오히려 앞으로 가야 할 미래보다 지나온 과거에 더 손이 닿기 쉽다고 생각하는 것만 같다.

하지만 잠시 세계적 흐름을 살펴보면 이러한 상황은 비단 일본뿐만이 아니라는 생각도 든다. 지금 전 세계적으로 "나부터"를 외치는 정치가들이 속속 등장하며, 모두가 자기들에게 영광스러웠던 그렇게 믿고 있는 시간을 소환한다. 미국에서의 마가 MAGA 운동, 유럽 각지의 극우 정당, 아시아 여러 나라에서 확산되는 민족주의적 구호들은 모두 불안한 시민들의 정서를 과거의 시간으로 회귀시키며 복수와 혐오로 돌려세운다. 경제학자 에드워드 글레이저가 『The Political Economy of Hatred』에서 지적했듯, 정치가들은 이제 혐오를 조직적으로 공급한다. 시민들은 자신들의 불만을 타자에게 전가하고, 그들이 몰락하거나 고통받는 모습을 통해 카타르시스를 얻는다. 그들이 그리워하는 과거의 향수 가득한 시간 속에는 모두가 지금만큼 동등하지 않았고, 아마도 누군가에게는 지옥 같은 시간이 오늘날보다는 더 길었을 것이다. 일본의 보수 정치 담론도 이 흐름과 크게 다르지 않다. 과거로의 회귀를 통해 정체성을 강화하겠다는 주장에는, '누군가를 배제함으로써 우리를 단단히 하겠다'라는 논리가 숨어 있다. 오히려 일본은 이러한 파시즘적 우익의 논리마저도 세계적 흐름보다는 느지막하게 왔다고 느껴진다.

그러나 돌아가고 싶은 시간은 과연 어디일까. 전후 민주주의를 이상으로 삼는 것도 아니고, 산업화 시대의 복지국가 모델을 재현하려는 것도 아니다. 때로는 메이지 유신기의 기상을 불러내고, 때로는 전근대적 '국체'를 내세우기도 한다. 하지만 그 어디에도 명확한 지향점은 없다. 결국 일본의 느림은 분명한 미래의 비전으로 나아가기보다, 복수의 과거들을 이리저리 호명하며 머뭇거리는 데 더 많은 '시간'을 쏟고 있다. 느린 시간이 성찰과 축적의 리듬으로 작동할 때는 힘이 되지만, 과거의 향수와 회귀로 이어질 때는 오히려 발목을 잡는다. 일본은 지금 이 두 가능성 사이에서 갈피를 잡지 못하고 있다.

교차하는 세대간의 시간

오늘날 일본의 젊은 세대는 전쟁과 전후 재건을 직접 겪지 않았다. 그러나 역설적으로, 그들의 세계관 속에서는 전쟁 직전의 긴장과 폐쇄적 집단주의와 유사한 분위기가 자주 감지된다. 최근의 중의원 선거에서 참정당과 일본 보수당의 약진에 기여한 것은 20대 30대의 지지층이었다. 역사적 경험을 직접 체험하지 않은 세대가 오히려 과거의 불안한 감각을 다시 살아내고 있는 것이다. 과거 일본 사회가 지녔던 느림은 합의와 성찰의 시간이었지만, 지금 젊은 세대에게 남은 것은 답답함과 정체의 이미지일지도 모른다. 아니 어쩌면 앞서 언급하였던 느린 시간 속에서 퇴적되어 남겨진 세대가 오히려 젊은 세대일지도 모른다. 아마 그 퇴적층의 이름은 '격차'이리라

더구나 오늘날 젊은 세대는 과거와 달리 디지털 정보의 속도감 속에서 자라났다. 인터넷과 SNS는 실시간 반응을 전제로 한다. 기다리는 시간이 곧 손해가 되는 시대, '차분히 검증하고 숙고한다'라는 일본식 느림은 젊은이들의 일상에서 점차 설 자리를 잃었다. 그 대신 "멘도쿠사이귀찮다"라는 태도가 일상화되었고, '젯타이절대'라는 표현이 단정적이고 배타적인 확신을 드러내는 말로 자주 쓰인다. 젊은 세대의 눈에 기성세대의 늘려 쓰는 시간은 결국 그들만이 무엇을 축적하는 시간에 불과했을 뿐이다. 시간은 불평등하게 전승되었다.

　이러한 변화는 세대 간 시간 감각의 충돌로 이어진다. 윗세대가 '기다림'을 통해 배운 신뢰와 축적의 리듬을 강조한다면, 젊은 세대는 윗세대의 시간을 불신하며 '즉시성'을 요구한다. 진득하게 붙들고 앉아서 무엇을 익히고, 쌓고, 준비하고, 다지는 시간들임은 기성세대에게 있어서는 안전하고 확실하며 무엇보다도 무언가를 반드시 '보상' 받을 수 있는 수단이었지만 젊은 세대는 불확실성을 넘어 낭비되는 시간이자, 자신들의 것을 기성세대에게 '빨리는' 불리한 시간으로 받아들인다. 결국 시간이라는 같은 단어가 세대에 따라 전혀 다른 의미로 해석되고, 사회 전체에 보이지 않는 균열을 만든다. 오늘날 전 세계적으로 젊은 세대는 실시간으로 정보를 소비하고, 신속하게 결론에 도달하는 것을 미덕으로 여긴다. 하지만 일본의 경우 오랫동안 느림을 미덕으로 삼아왔던 사회적 토대가 있었기에, 이 변화가 더욱 급격하게 충격을 준다. 전통적으로 느림 속에서 힘을 길러온 일본이, 이제는 그 느림을 점점 유지하기 어렵다는 사실은 일본 사회가 직면한 독특한 위기다. 느린 시간이 가지는 역사성은 더 이상 단단함을 보장하지 않고, 오히려 갈등과 분열의 원인마저 되려 한다. 어쩌면 일본의 큰 과제 중 하나는 이 두 시간의 리듬을 어떻게 화해시키고 재구성할 것인가 하는 점일 것이다.

차곡차곡 쌓인 시간은 어디로 가는가?

일본의 느린 시간이 가진 양날의 검과 같은 특성은 우리에게 무엇을 이야기하는가? 민주적이고, 배려하고, 성찰하고, 알아보고, 합의를 찾고, 지켜보는 것은 많은 시간을 요구한다. 느림의 시간이다. 그렇기에 단단하고 시간이 쌓아준 경험의 토대 위에 다른 것에 대한 이해가 두터워진다. 그런데 요즘은 어느 사회이든 이 느린 시간을, 시간을 들이는 것을 거부하고 있는 것인지도 모르겠다. 어느 사회나 기존의 시간 감각에 비하여 질풍 같아진 시간의 흐름은, 더구나 나날이 더 가속하는 시간은 모두의 생각과 고민을 압축하고 단편적으로 바꾸고 있다. 단지 일본은 그 간극을 더 치명적이고 격렬하게 느끼는 상황일 뿐.

일본의 경우, 느린 시간과 늘려서 사용해 온 시간은 오랫동안 성찰과 축적의 원동력이었지만, 지금은 그 방향을 잃은 듯하다. 정치권은 과거의 향수를 자극하며 표심을 얻으려 하고, 젊은 세대는 느림을 불신하며 회피하거나 무책임한 속단으로 바꾸어 버린다. 과거에는 장인정신이나 합의의 과정 속에서 '시간을 들임'이 곧 단단함을 만들었지만, 지금은 같은 '시간 들임'이 사회적 정체와 불안의 원인으로 작동하고 있다. 일본은 더 이상 시간을 들인 만큼 단단히 서지도 못하고, 그렇다고 세계의 속도 경쟁에 발맞추지도 못하는 모순된 자리에 서 있는 셈이다.

그러나 동시에 이 느린 시간은 여전히 가능성을 품고 있다. 일본 사회가 향수와 회귀에 머무르지 않고, 성찰과 배려의 시간으로 되살릴 수 있다면 이야기는 달라진다. 급변하는 세계에서 단단히 서기 위한 토대는 오히려 '서두르지 않음'에 있을 수 있다. 성급히 결론에 도달하지 않고, 다소 느리더라도 끝내 무너지지 않는 합의와 신뢰를 만들어낼 수 있다면, 일본의 느린 시간은 다시 저력이 될 수 있다.

결국 문제는 단순히 일본의 시간 감각, 속도 감각이 느린가 빠른가가 아니다. 중요한 것은 그 느림이 어디를 향하고 있는가, 무엇을 위한 시간인가라는 질문이다. 향수와 회귀로 이어지는 느림은 취약함이 되지만, 성찰과 배려로 이어지는 느림은 미래의 토대가 된다. 일본이 지금 어떤 선택을 할지는 알 수 없다. 그러나 늘 그렇듯 일본의 현재는 우리 모두에게 중요한 질문을 던진다. 세계가 앞다투어 달려가는 이 시기에, 우리는 어디로 무엇에 시간을 들이고 있는가. 그리고 어디에서 멈추어 서야 하는가. 아니면 오히려 뒤로 가고 있지는 않은가.

차윤석

부산대학교 도시공학과를 졸업하고 도시디자인을 공부하기 위해 베를린공과대학 건축학과로 유학해 학부와 석사 과정을 마쳤고 이후 여러 건축사무소에서 실무 경험을 쌓았다. 단독주택부터 대형 쇼핑몰까지 여러 스케일의 건축 작업과 아부다비 메트로 프로젝트, 카타르 루자일 경전철 프로젝트 등의 도시 스케일 작업에 독일 건축사로 참여했다. 귀국 후 부산의 동아대학교 건축학과 교수로 재직 후, 현재는 건축이론학자로서 집필과 강의에 매진하고 있다.

건축, 도시, 기억 그리고 시간

어릴 적 골목은?

글을 쓰려다 문득 이런 의문이 들었다. "혹시 태어난 곳에서 한 번도 이사를 하지 않고 살고 있는 분들이 있을까?" 아마 나이가 좀 드신 분들이라면 살면서 적어도 서너 번, 많으면 열 번 이상도 이사를 했을 것이다. 이 질문을 하는 이유는 보통 우리는 태어나고, 자랐을 당시의 동네나 지역의 모습과는 너무나도 다른 곳에서 살고 있기 때문이다. 지인들이나 친구들과 옛 추억을 이야기하거나, 가끔 어릴 적 살던 곳, 다녔던 학교, 친구들과 뛰어놀던 골목길이 그리울 때가 종종 있다. 하지만 이제 그 모습들은 희미한 사진이나 어렴풋한 기억으로만 추억될 경우가 많다.

시계 거꾸로 돌리기

1979년 하버드 대학의 심리학과 교수 엘랜 랭어는 아주 흥미로운 실험을 하나 생각해낸다. '시계 거꾸로 돌리기 연구 counterclockwise study'라고 알려진 이 실험은 만약 노인들에게 당시 그들이 젊었을 시절의 과거 환경을 재구성해 주면 몸과 마음에 어떤 변화가 일어날 것인가를 살펴보는 연구이다. 구체적인 실험의 목적은 심리적인 시계를 20년 되돌렸을 때 인간의 생리 상태에 어떤 변화가 나타나는지를 살펴보는 것이다. 랭어 교수는 물리적 환경과 그에 따른 개인적 관점의 변화가 신체에 어떤 영향을 미치는지 알아내고자 했던 것이다.

그녀는 학생들과 실험팀을 구성하고 지역 신문과 전단에 70대 후반에서 80대 초반의 남성들을 모집하는 광고를 냈다. 광고에는 그들에게 일주일간 조용한 시골집에서 지내며 과거에 대해 이야기하는, 즉 일주일간 추억을 회상하는 프로그램을 진행한다고 적혀 있었다.

실험팀은 인터뷰를 통해 특별히 아픈 곳이 없고, 실험에서 계획된 활동과 토론을 수행할 수 있는 16명의 피실험자들을 모집하여 8명의 실험군과 8명의 대조군으로 분류했다. 그리고 뉴햄프셔 주의 피터버러에 있는 오래된 수도원을 실험의 무대로 선택하고 이곳을 1959년의 풍경을 가진 장소로 탈바꿈시켰다. 실험군과 대조군은 일주일 간격을 두고 수도원에서 실험을 진행했다. 그들은 마치 20년 전인 1959년에 살고 있는 듯한 연기를 한 것이다.

실험군과 대조군의 유일한 차이는 연도年度에 대한 인지認知 여부 정도였다. 실험군은 자신들이 현재 지내고 있는 시점이 1959년인 것처럼 말하고 행동하도록 요구받았다. 현재가 아니라 과거에 사는 것처럼, 즉 자신들의 50대 후반에서 60대 초반을 사는 것처럼 연기하도록 요구를 받은 것이다. 이에 반해, 대조군은 현재 자신들이 실험을 하고 있는 연도가 1979년임을 알고는 있으나, 현재의 상태에서 과거를 회상하도록 요구받았다. 이들은 일주일간 1950년대의 이슈들을 접하고 논의하였다. 참가자들은 1950년대 당시 정치, 경제에 대해 토론을 했고, 당시의 대중가요, 영화 등을 흑백 TV를 통해 감상했다.

그리고 각 집단은 일주일 후 생리 상태에 대한 검사를 받았다. 이 실험에 대해 적어놓은 엘랜 랭어의 책 '마음의 시계'에 따르면 결과는 놀랍다. 비록 편차는 있으나, 이 두 실험 집단의 청력과 기억력이 향상되었고, 체중 또한 늘었다. 악력과 관절 유연성도 좋아졌다. 전체적으로 젊어진 것이다. 가장 큰 집단 간 차이라면 지능 검사 결과로 실험군에서는 63%가 향상되었으나,

대조군에서는 44%가 향상되었다는 점이다. 차이를 고려해도 놀라운 결과가 아닐 수 없다.

물론 이 실험이 의학적 관점에서 인정받기는 힘들 것이다. 게다가 일주일 정도의 단기 실험으로 일반적 결론을 도출하는 것도 무리가 있다. 하지만 필자는 이 실험이 시사하는 바가 결코 작다고 생각하지 않는다. 왜냐하면 이 실험은 오늘날 빠르게 변화하는 건축과 도시, 그리고 그 안에서 살아가는 우리들에게 분명 중요한 점을 이야기하고 있기 때문이다.

경험과 물리적 환경

우리는 좋든 싫든 물리적, 사회적 환경에 둘러싸여 살아가고 있다. 그리고 이런 환경이 인간의 생각이나 행동에 영향을 미칠 수 있다는 것은 거의 정설처럼 받아들여지고 있다. 이런 관점에서 앞서 언급한 엘렌 랭어의 실험은 우리에게 많은 생각거리를 던져준다. 아주 흥미로운 실험이며, 얼핏 보면 '시계 거꾸로 돌리기' 실험의 핵심은 물리적, 사회적 환경이 인간에게 영향을 미친다는 것을 증명하기 위한 것으로 보인다. 하지만 필자는 여기서 한 걸음만 더 깊이 들어가 보고 싶다.

필자는 **‘20년 전’**이라는 실험의 조건에 주목하고 있다. 70, 80대 실험 참가자들에게 있어 **‘20년 전’**은 그들이 50대에서 60대를 보내던 시기이다. 이 시기는 실험 참가자들이 자신의 인생에서 가장 안정적인 시기였다. 1920년대 닥친 대공황의 여파는 제2차 세계대전의 시작과 동시에 서서히 회복되었고, 한국전쟁의 시작과 함께 평균적으로 약 6% 이상의 경제성장률을 달성했다. 이를 기점으로 1950년 대 후반, 1960년 대 초반 미국의 경제성장률은 평균적으로 약 3% 이상이었으며, 경제 회복과 성장이 가속화되었던 시기였다. 소위 말하는 베이비붐 세대가 등장했고 소비시장이 확대되는 등 전반적으로 호황기였다. 물론 마냥 좋은 일만 있으라는 법은 없으니, 그들은 약 20년간 호황기의 마지막을 제1차 오일쇼크로 화려하게 마무리한다.

실험 참가자들은 가장 호황기에 경제활동을 했던 세대였다. 실험이 진행된 1979년은 사회생활과 육아, 노후 등을 위해 정신없던 사회생활이 어느 정도 마무리되고, 경제적 안정과 가족, 사회적으로 나름 안정이 이루어졌던 시기였다. 게다가 5·60대는 아직까지 크게 죽음에 대한 두려움을 실감할 나이도 아니다. 다시 말해, 지금까지 열심히 일했으니 편안하게 보상받고 행복하게 즐기면서 살면 되었던 것이다. 일해서 돈도 벌어놨고, 자식들도 잘 성장했다. 드디어 중산층에 진입했다는 자부심도 있고, 미래는 여전히 장밋빛이다. 아마 이들이 활발하게 사회생활을 하던 시기에는 주변의 풍경을 둘러볼 여유가 그렇게는 많이 없었을 것이다. 인생의 속도가 20대에는 시속 20km이며, 50대에는 시속 50km라는 말이 있듯이, 당시 그들의 심리적 속도는 시속 50~60km 정도였을 것이다. 그래도 안정된 노후와 장밋빛 미래를 위해 투자한 시간이니 크게 아깝지는 않았을 것이다.

엘렌 랭어가 진행한 실험의 핵심은 실험 참가자 자신이 가장 좋았던 시기에 보냈던 물리적, 사회적 환경에 대한 기억이 어떤 영향을 미칠 수 있는지를 알아보는 것이다. 비록 과학적으로 인과관계를 인정받기는 힘든 결과지만, 심리적 요인이 인간의 생리에 영향을 준다는 결론만은 부정하기 힘들 것 같다. 아파서 병원에 가도 의학적 원인이 불분명하다면 스트레스가 원인이라고 하지 않던가.

그렇다면 참가자들에게 실험 당시 그들을 둘러싸고 있던 실험 환경, 즉 인공적으로 조성된 과거의 풍경은 어떻게 다가왔을까? 실험 결과를 통해 알 수 있는 것은 그들의 생리적 지표가 향상되었다는 것이다. 그렇다면 그들은 실험 환경을 긍정적으로 받아들였거나, 적어도 스트레스 없이 편안하게 받아들였다는 것이 논리적 결론일 것이다. 그렇다면 어떻게 이런 실험 결과가 도출되었을까? 이 질문에 대한 필자의 대답은 다음과 같다.

인간은 자신의 경험과 기억, 심리상태를 주변의 물리적 환경에 투사시켜 인식하고, 물리적 환경에 대한 인식은 인간의 생리 현상에 영향을 미친다.

필자의 대답을 긍정적으로 받아들인다면, 물리적 환경이 인간에게 심리적, 생리적 영향을 미친다는 결론에 도달하는 것이 어렵지는 않다. 하지만 여기에는 중요한 전제가 하나 충족되어야 한다. 지금부터 이 전제가 무엇인지 알아보자.

공통점 찾기

기억은 크게 두 가지 방법으로 형성된다. 한 번의 강렬한 경험에 의해 각인이 되기도 하지만, 오랜 시간 동안 동일한 경험을 반복함으로 형성되기도 한다. 당연히 이 두 가지 모두 인간에게 영향을 미치지만, 필자는 후자를 더 중요하게 생각한다. 전자는 주로 개인에 영향을 미치지만, 후자는 집단적, 사회적 영향을 미치기 때문이다. 물론 그렇다고 개인적 경험이 주변으로 확산되지 않는다는 것은 아니다. 하지만 특히 물리적 환경과 관련된 동일한 경험이 불특정 다수의 사람들에게 오랜 시간 반복되면 집단적 기억을 형성하게 된다. 이는 동일한 경험을 한 모든 사람들이 동일한 기억을 가진다는 의미가 아니다. 기억은 경험 당시 개인의 상황에 따라 달라질 수 있다. 하지만 불특정 다수가 동일한 무엇인가를 경험했다는 것은 다른 중요한 의미가 있다.

앞서 설명한 바와 같이 물리적 환경이 인간에게 영향을 미친다는 전제를 받아들인다면, 불특정 다수가 가지고 있는 환경에 대한 집단적 기억은 이들에게 심리적, 생리적 영향을 미칠 수도 있다는 결론에 도달하는 것은 크게 어렵지 않다. 논란의 여지는 있겠으나, 이 논리를 조금 확대시켜 보면, 동일한 물리적 환경이 사회 전체에 어떤 영향을 미칠 수도 있다는 것이다. 그렇다고 해서 특정한 물리적 환경에 대한 경험을 통해 특정 사회의 모든 구성원이 동일한 기억이나 경험을 가진다는 의미는 아니며, 이들 모두에게 동일한 영향을 미친다는 주장은 아니다. 하지만 필자는 동일한 환경에 대한 경험이 가지는 영향은 결코 간과해서는 안 될 사회적으로 중요한 요소라고 생각한다.

일반적으로 사교적 대화든, 사업적 대화든 다들 가볍게 시작할 수 있는 공통적 주제를 찾는 것은 중요하다. 잘 생각도 나지 않지만, 학창 시절 처음 나간 소개팅에 대한 기억을 한번 끄집어내어보자. 어떻게 대화가 시작되었을까? 지금은 어떤지 모르겠으나, 예전에는 주로 이렇게 시작했다. **"혹시 뭘 좋아하세요?"** 어렵게 꺼낸 질문치고는 허무하기까지 하지만, 이 질문이 정말 아무런 의미가 없을까? 무엇을 좋아하냐는 질문을 대화를 이끌어나가는 첫걸음으로 해석할 수도 있고, 선호 파악의 관점에서 해석할 수도 있을 것이다. 하지만 필자는 이 질문을 원활한 대화를 위해 상대와의 공통된 주제를 찾기 위한 일종의 노력으로 해석하고 있다. 그리고 대답에 따라 의외로 처음 만난 상대와 대화가 쉽게 풀리는 경험은 한두 번씩 해봤을 것이다. 그리고 그 이유는 바로 **공통된 주제**가 있기 때문이다. 그렇다고 백이면 백, 전부 다 잘 풀린다는 이야기는 아니다.

필자가 여기서 주목하는 점은 바로 이 공통된 주제이다. 우리가 누군가와 대화를 한다고 가정해 보자. 그냥 의식의 흐름대로 별 의미 없는 대화를 할 수도 있다. 하지만 일반적으로 우리가 다른 누군가와 대화를 한다는 것은 유목적有目的적 행위이다. 그냥 가벼운 분위기를 조성하든, 혹은 심도있는 무거운 주제에 대해 토론하든, 이 모든 행위에는 목적이 있기 마련이다. 여기서 대화는 이 목적을 달성하기 위한 일종의 수단이다. 일단 이 논의에서 목적의 정당성은 논외로 하자. 목적의 정당성까지 들어가면 이 글이 너무 무거워질 수 있으니, 이 부분은 다음을 기약하자.

어쨌거나 대화의 목적을 달성하기 위한 수단은 적절해야 한다. 그렇다면 이 경우, 대화라는 수단의 적절성을 보장해 주는 것은 무엇일까? 여러 요소들이 있겠지만, 필자가 가장 중요하다고 생각하는 요소는 바로 공통된 주제이다. 물론 공통된 주제가 없어도 대화는 가능하다. 하지만 이는 원활한 대화의 시작이며, 대화의 목적을 달성하는 데 도움을 준다는 것에는 동의하실 것으로 믿는다.

물리적 환경의 긍정적 강제성

물리적 환경은 다양한 속성을 가지고 있으나, 그중 가장 특이한 속성은 바로 **강제적 경험**이다. 여기서 '강제적'이란 단어는 부정적 의미가 아니다. 그냥 눈 뜨고 있으면 보이는 것 정도로 이해하자. 개인의 나이나 성별, 지식, 그리고 경험의 차이를 떠나 그 장소에 있는 모든 이가 강제적으로 동일한 시각적 경험을 할 수밖에 없다. 물론 강제성이란 개념을 해석하는 데는 차이가 있겠으나, 눈앞에 보이는 것을 부정할 수는 없지 않은가? 그리고 만약에 물리적 환경이 변하지 않는다면, 이 시각적 경험은 다른 요인의 영향을 크게 받지 않는다. 쉽게 말해, 특정 장소의 건물이, 풍경이 크게 변하지 않는다면, 특정 개인이 어렸을 때 했던 시각

                                                      아크

적 경험이 그의 아이에게, 그리고 아이의 아이에게도 그대로 물려질 수 있다는 의미이다. 즉, 다양한 세대가 공통된 경험을 공유한다는 말이다. 필자 개인의 의견이긴 하지만, 이는 사회적으로 굉장히 중요한 의미를 가진다. 개인 간의 대화에 공통된 주제가 중요한 역할을 하듯이, 우리 주변의 물리적 환경이 세대 간 소통을 위한 공통된 주제가 된다는 의미이다. 세대 간의 소통은 결국 사회적 소통으로 확대될 수 있다는 것이 필자의 주장이며, 이는 분명 물리적 환경의 긍정적 강제성이다.

앞서 필자는 물리적 환경이 인간에게 심리적, 생리적 영향을 미치기 위한 전제가 있다고 했다. 바로 충분히 긴 시간이다. 여기서 '충분히 길다'라는 표현은 상대적이고 주관적이긴 하지만, 적어도 몇 세대에 걸쳐 변하지 않는 물리적 환경이 필요하다. 필자의 생각으로는 최소한 50년 이상 변하지 않는 물리적 환경이 조성되어야 한다. 적어도 50년 정도 되어야 부모 세대부터 아이 세대까지 최소 3대에 걸친 공통된 경험을 만들 수 있기 때문이다. 이 정도의 시간은 버텨야 물리적 환경이 사회적 소통의 전제로 기능할 수 있을 것이다. 물론 이 시간 동안 물리적 환경이 아무런 변화 없이 원래의 모습 그대로 남아있는 것은 불가능하다. 필자도 절대적인 불변성을 말하는 것은 아니다. 적어도 전체적인 인상이 큰 변화 없이 남아있어야 한다는 의미이다. 당연히

100년 동안 환경의 인상이 변하지 않는다면 더 좋으며. 시간이 길어질수록 공통된 주제와 기억을 형성하는 데 유리할 것이다.

시간을 버티는 건축과 도시

흔히 우리의 건축과 도시를 우리 특유의 '빨리빨리' 성향의 결과라고 이야기한다. 필자도 짧은 시간에 이 정도 발전이 이루어진 것은 이런 성향의 긍정적인 면임을 인정한다. 하지만 이런 성향이 낳은 부작용이 바로 '강박'이다. 과거 힘들었던 시절에 필요했던 성향이 굳어져 현재는 주변의 무언가 변화하지 않으면 도태되는 것으로 생각하는 강박이 되어 버렸다. 이젠 바뀌어야 할 필요가 있다.

이제 우리가 할 일을 정리해 보자. 필자는 우리의 건축과 도시가 시간의 영향을 크게 받지 않기를 원한다. 변하지 않는다고 정체된 것이 아니다. 변하는 모든 것이 발전이 아니다. 물론 건축이나 도시에 기능적 문제가 있다면 당연히 고치는 것이 맞다. 이런 경우 또한 주의 깊은 수정이 필요하다. 어느 정도 궤도에 올라섰다면 건축과 도시에게 시간을 주는 여유가 필요하다. 그리고 그 안에 사는 우리에게도 환경에 적응할 시간이 필요하다.

이를 위해서는 절대적 시간이 필요하다. 30년 지나면 새롭게 부수고 다시 짓는 것이 아닌, 50년, 100년을 버티는 건축과 도시가 필요하다. 공통된 사회적 경험과 기억을 만들기 위해 필요한 최소한의 시간이다. 하지만 긴 시간을 버티기 위해서는 좋은 건축과 좋은 도시가 필요하다. 이런 환경이 형성되었을 때, **건축과 도시는 사회적 소통을 위한 도구**로서 작용할 수 있다.

글을 마치며

빠른 시간에 너무나 많은 변화가 일어나는 환경에 익숙한 우리에게는 이제 여유가 필요하다. 여유가 없으니, 경험도 기억도 단절이 되는 것이다. 건축과 도시가 아파트 갈아타기나 재개발을 통한 부의 증식 수단이 아닌, 좋은 물리적 환경을 만들기 위한 요소로 인식되어야 한다. 이를 어떻게 만들 수 있는지에 대해 진지하게 고민하고 반성해야 한다. 이러한 고민과 반성 없이는 계속해서 지금과 같은 행위들을 반복할 수밖에 없다. 물론 좋은 물리적 환경을 만들어 내기 위해서는 좋은 사회적 환경이 우선되어야 한다. 현재와 같은 분위기 속에서 건축과 도시가 문화가 되고, 사회적 소통을 위한 도구가 된다는 것은 무리일 것이다. 이제는 서서히 변화가 일어나야 할 것이다.

강동진

역사환경 보전에 중심을 둔 도시설계를 배웠고, 현재 경성대학교 도시계획과에 재직 중이다. 근대유산, 산업유산, 세계유산, 지역유산 등을 키워드로 하는 각종 보전방법론과 재생 방안을 연구하고 있다. 지난 20여 년 동안 영도다리, 산복도로, 캠프하야리아, 북항, 동천, 동해남부선폐선부지, 피란수도부산유산 등의 보전운동에 참여하였다. 현재 국가유산청 문화유산위원, 이코모스 한국위원회 부위원장 등으로 활동하고 있다.

유산 속에 담긴
'시간'의 의미

인간은 늘 시간을 붙잡으려 했다. 그러나 시간은 손에 잡히지 않고 흘러간다. 그럼에도 우리는 그 흐름을 두려움으로만 받아들이지 않는다. 시간은 사라짐의 이름이면서 동시에 생성의 이름이기 때문이다. 시간은 모든 것을 변화시키면서, 그 변화 속에서 새로운 아름다움을 빚어낸다. 바로 여기에 '시간의 미학'이 놓여 있다.

시간은 절대 멈춰 세울 수 없다. 시간에는 일정한 속도로 일정한 방향으로 전진만 있을 뿐이다. 이렇게 생각하니 규칙적인 반복을 속성으로 하는 시간은 세상의 모든 것을 경직시키고 똑같은 지루한 모습으로 만들 것만 같다.

　그런데 실상은 그렇지 않다. 시간 때문에 해가 뜨고 달이 뜬다. 시간 때문에 봄의 청명함과 뜨거운 여름과 풍성한 가을과 쉼의 겨울을 맞는다, 이뿐만 인가. 썰물과 밀물이라는 바다의 움직임도, 또 다양한 모습의 바람도 규칙적으로 반복되는 시간 속에서 일어난다. 그래서 사람들은 늘 희망을 안고 살아간다. 후회, 망각, 청산, 용서 등의 이름으로 지나간 시간을 빨리 잊고, 과거보다는 반복될 시간이 만들어 줄 미래를 바라보며 희망을 안고 살아간다.

유산, 시간이 만들어 낸 산물

시간이 가장 역동적으로 펼쳐지는 무대는 '도시'다. 한 도시 안에서 과거를 밀어내고 미래를 세우는 일이 동시에 벌어진다. 같은 시간을 서로 다르게 건너는 사람들이 함께 살아간다. 그 역동성이 최고조에 이르렀던 1960년대, 인류는 역설적으로 지나온 시간에 대한 애착을 다시 발견하기 시작했다. 전쟁의 폐허와 개발의 열기가 교차하던 시대 속에서, 사람들은 "과거를 어떻게 보존할 것인가"를 묻기 시작했고, 그 질문은 1964년 베니스 헌장The Venice Charter의 제정과 1972년 세계유산World Heritage 제도의 탄생으로 이어졌다.

이 논의의 출발점에 '아부심벨 신전 이전' 사례가 있었다. 댐 건설로 인해 수몰 위기에 처한 신전을 구하기 위해, 세계는 석재를 잘라 옮기는 위험하고 전례 없는 선택을 했다. 이는 원형을 훼손하는 일이었지만, 그럼에도 인류는 과거를 지키기 위해 변화된 형태를 수용하는 결단을 내렸다. 이 사건은 중요한 질문을 남겼다. "유산의 원형이란 무엇인가?" 온전한 형태만이 원형인가, 아니면 시간과 흔적을 품은 상태 역시 원형인가. 이 문제의식은 이후 유산 개념을 '박제된 과거'에서 '시간을 품은 현재적 존재'로 이동시켰다.

4대 문명을 상징하는 이집트 문명의 누비아 유적이 댐 건설로 수몰된다는 소식은 전 인류에 있어 충격으로 다가왔다. 사건이 불거진 1950년대 말 당시는 냉전기였지만 동시에 새로운 문명 도래를 모색하던 후기산업사회였기에, 유네스코를 중심으로 60여 개국이 참여하는 유산 보호에 대한 담론 형성과 실천이 이뤄질 수 있었다. 더욱이 사건의 당사국인 이집트와 수단이 해결 능력을 갖고 있지 못했기에 더더욱 그랬다.

아부심벨 신전을 구하는 방법은 제방을 쌓아 물을 막는 방법, 신전 전체를 들어 올리는 방법 등 다각도로 고민되었으나 결국 20~30톤 정도의 조각들로 잘라 높은 지대로 들어 올리는 분리

이동식, 즉 '조각으로 자르기 방식'이 선택되었다. 유산이 원위치에서 움직인다는 것은 유산 본질을 위배하는 일이고, 더욱이 조각난 유산은 아무리 결합을 잘해도 표식이 남을 수 있기에 분명 문제가 있었다. 그럼에도 그것이 유산 보존의 최선이라 판단하고 조각으로의 분리와 이동, 재결합이 1963년부터 1980년까지 진행되었다. 아부심벨만이 대상이 아니었다. 아스완 하이 댐과 로우 댐 사이의 필레 섬도 수몰 위기에 처했다. 이곳의 필레 신전Philae Temple도 수천여 조각으로 분리되어 근처 아길키아 섬으로 이전되었다.

이전 작업이 시작된 지 10여 년이 흘렀을 즈음, 동참했던 세계인들은 인류가 남긴 문화와 자연이 특정한 외부의 힘으로 파괴될 수 있고, 결국 인류의 삶이 빈곤해질 수 있다는 생각에 이르게 되었다. 이러한 자각 속에서 1972년 제17차 유네스코 파리 총회를 통해 인류 역사의 중요 유산들에 대한 보호 운동, 즉

/ '조각으로 자르기'를 택할 수밖에 없었던 아부심벨 신전 ⓒLife magazine

「세계유산 협약Convention Concerning the Protection of the World Cultural and Natural Heritage」을 채택했다.

세계유산의 진화와 발전

세계유산 제도는 아부심벨 신전의 수몰 위기라는 긴급 상황을 해결하는 과정에서 탄생되었다. 출발 배경만 놓고 보면 세계유산은 과거를 지키려는 보수적 의지가 강하게 작동한 제도처럼 보인다. 그러나 세계유산은 제도 도입 이후 이단아 같은 행동을 보이며, 지난 50여 년 동안 다양한 담론을 형성하며 끊임없이 진화 발전해 왔다. 다시 말해, 세계유산은 단순한 보존의 장치가 아니라 변화와 재해석을 적극적으로 수용하는 진보적 성향을 지닌 독특한 제도라 할 수 있다.

세계유산 제도의 출발점은 「세계유산 운영 지침」이 마련된 1977년이었다. 이후 변신에 변신을 거듭했다. 1979년에는 위험 유산heritage in danger[1] 개념이 정해졌고, 자연과 문화의 성격을 동시에 가지는 복합 유산mixed heritage 개념이 탄생했다. 1980

---

1 「세계유산협약」 제11조 4항에 '위험유산'의 등재 요건을 다음과 같이 정의하고 있다. "해당 유산이 심각하고 구체적인 위험으로 인해 위협받는 경우, 해당 유산의 보존을 위해 중요한 활동이 필요한 경우, 협약을 근거로 해당 유산에 대한 지원이 요청되는 경우" 등이다.

년에는 문화유산에 있어 여러 유산을 묶는 연속 유산series of cultural properties 개념과 다수의 국가가 함께 유산을 공유하는 초국경 유산trans-national heritage 개념이 공식적으로 다루어지기 시작했다. 이러한 새로운 유산 개념의 등장은 점點의 형태 위주였던 유산의 개념을 다양하게 확장해가는 계기를 제공했다.

1987년에는 20세기의 신도시new towns of the 20th century라는 개념을 세계유산 유형에 포함시켜 완공된 지 불과 30년이 채 안 된 신도시인 브라질리아Brasilia를 등재시켰다. 브라질리아는 철저한 계획에 근거한 20세기의 근대식 계획도시의 전형이라는 점을 이유로 1960년 완공된 지 불과 27년 만에 등재되어 파장이 컸다.

✎ '20세기의 신도시'도 세계유산이다. ⓒUNESCO

아크

　1990년대 중반은 세계유산에 있어 개념 확장과 논의가 가장 활발하게 일어난 시기였다. 1994년 문화유산이 갖추어야 할 「진정성에 관한 나라 문서The Nara Document On Authenticity」가 발표되면서 전 세계 곳곳의 다양한 문화적 맥락을 인정하는 문화 다양성에 대한 논의가 본격화되었다. 그 결과 문화경관cultural landscape 개념이 신규 도입되며 유산의 혁신적인 다양화가 시도되기 시작했다. 문화경관은 고착된 경관이 아니라 인간과 자연에 관계하며 지금까지 유기적으로 진화되어 지속하고 있는 경관을 말한다. 그래서 수천 년의 역사를 가진 원주민에 의해 재배되는 다랑논이나 대를 이어 생산되는 포도밭과 와이너리가 세계유산에 등재될 수 있는 것이다.

'보이지 않는 시간'이 만들어낸 다랑논 문화경관(Rice Terraces of the Philippine Cordilleras, Philippines) ©Unesco

 아크

문화경관에 대한 인정은 살아있는 유산living heritage이란 신조어의 탄생으로 이어졌다. "유산이 살아있다"라는 말은 지금도 원래 기능이 그대로 작동하고 있다는 뜻도 있고, 유산에 신기능이 도입되어 마치 원래의 모습과 같이 활성적일 때 적용되기도 한다. 어떻게 되었던 살아있는 유산 개념은 유산 활용을 중시하는 21세기의 도시들이 취할 수 있는 혁신의 개념이라 할 수 있다.

2015년은 세계유산 역사에 엄청난 파장이 야기된 해였다. 일본의 메이지 산업혁명 유산: 철강·조선·석탄산업Sites of Japan's Meiji Industrial Revolution: Iron and Steel, Shipbuilding and Coal Mining이 세계유산에 등재되며 '갈등'이란 키워드가 유산 등재에 본격적으로 개입된 해였다. 이 때문에 불편문화유산difficult heritage과 갈등기억유산sites associated with memories of recent conflicts이란 신조어가 탄생하기도 했다.

최근, 세계유산과 관련하여 가장 뜨거운 감자는 유산영향평가Heritage Impact Assessment라는 것이다. 이것은 도시개발이 급속도로 환산되면서 야기되는 경관 차폐, 유산 왜소화, 즉 다양한 잠재적 개발로부터 세계유산의 가치를 보호하기 위함을 목적으로 한다. 조선왕릉장릉, 태릉과 강릉, 창릉 등의 조망권 내에 건설된 택지신도시개발 사례들, 부여 공산성 앞의 주상복합 건설, 그리고 최근 불거진 서울 종묘 앞 고층 단지 개발 등과 관련된 논란이

유산영향평가 제도와 관련된다.

이처럼 세계유산 제도는 탄생 이후 정지된 개념이 아니라, 시대 흐름 속에서 계속 확장되어 왔다. 문화유산과 자연유산에서 복합유산으로, 단일 유산에서 연속 유산과 초국경 유산으로, 그리고 물질 중심에서 문화경관과 무형유산으로 논의의 지평이 넓어졌다. 특히 문화경관과 살아있는 유산 개념의 등장 이후, 유산은 단순히 보존하는 대상이 아니라 지금도 작동하는 문화적 생명체로 이해되기 시작했다.

유산이 살아있다는 것

세계유산 제도의 진화에 자극을 받은 우리나라도 결단을 내렸다. 십여 년 동안 준비 끝에 2014년 5월 문화재에서 문화유산으로의 대대적인 변신이 시행되었다. 「문화재보호법」이 「국가유산법」으로 바뀜과 동시에 하위 모든 개념과 연관 정책들이 크게 변화되었고 또 변화되고 있다. 결코, 쉽지 않았던 이 일을 정부가 시대 사명으로 여기고 추진했던 이유가 있었다. 이러한 이유를 네 가지 방향에서 읽을 수 있다.

첫째, 유산을 과거의 전유물이 아닌 현재와 미래의 중심으로 이동시켰다. 과거에는 유물과 유적을 '보호'의 관점에서 다루었다면, 이제는 그것이 우리의 삶 속에서 '작동'하게 하려는 방향으로 나아가고 있다. 다시 말해, 유산이 박물관 속에 머무는 것이 아니라 시민의 일상과 공동체의 삶 속에서 살아 숨 쉬게 하겠다는 선언이다.

둘째, 비가시적 유산 가치를 더 존중하겠다는 의지를 담았다. 눈에 보이는 건축물이나 유물 같은 외형적 가치에서 벗어나, 유산의 형성 과정에 담긴 사람들의 이야기와 공동체의 기억, 의례와 놀이 문화 등 비가시적 자산을 포괄하려는 시도이다. 이는 곧 '정신적 가치'를 문화유산의 중심축으로 인정하려는 것이며, 문화의 본질을 인간의 삶과 경험 속에서 재발견하려는 태도라 할 수 있다.

셋째, 보존의 대상에서 전승하고 함께 이어가는 존재로 전환시켰다. 이는 유산 개념의 핵심이라 할 만하다. 그동안 '문화재'는 보존과 규제의 대상이라는 인식이 강했지만, 이제는 그 반성 위에서 '함께 이어가는 유산', '친구 같은 유산'으로의 전환을 모색하고 있다. 유산을 단순히 보호하는 것이 아니라, 세대 간의 연대 속에서 살아있는 문화로 이어가려는 노력이 깔려 있다.

넷째, 국가 중심의 보호 체계에서 벗어나 지역 중심의 발상으로 나아가려는 시도였다. 이는 유산 관리의 패러다임을 중앙집권적 구조에서 지역 공동체의 참여와 책임으로 확장하려는 변화다. 다만 이 방향은 아직 위험 요소를 안고 있다. 지역사회가 충분히 성숙하지 못한 상태에서, 당장의 경제적 이익에 흔들릴 가능성도 있기 때문이다. 그럼에도, 유산이 '국가의 것'이 아니라 '우리 모두의 것'이라는 인식의 확장은·의미 있는 진전이라 할 수 있다.

이러한 일련의 변화는 결국 유산을 '살아있는 존재'로 인정하는 선언이다. 살아있는 유산은 단지 과거에 머무는 것이 아니라, 과거의 정신과 기능이 시간을 건너 현재 속에서 계속 호흡하는 상태를 의미한다. 즉 유산은 한 시점에 고정된 기억이 아니라, 과거·현재·미래가 서로 맞닿아 있는 시간의 연속체로 정의할 수 있다. 수백 년 동안 이어져 온 장인의 손길이 오늘의 생활을 아름답게 꾸미는 순간들, 매년 11월 11일 울려 퍼지는 예포 소리 속에서 타국의 희생을 기억하고 감사의 마음을 되새기는 행위가 바로 그 증거이고, 과거가 현재의 몸짓 속에서 다시 살아나는 시간의 장면들이다.

살아있는 유산은 사람과의 관계 속에서 비로소 생명을 얻는다. 이는 단순한 보존을 넘어, 시간 속에서 되풀이되고 재해석되는 창조의 과정이다. 유산은 한 번 복원해 두고 끝나는 것이 아니라, 매일의 삶 속에서 다시 선택되고, 실천되고, 축적되며 시간과 함께 갱신된다. 이러한 점에서 살아있는 유산은 과거를 반복하는 것이 아니라, 과거를 기반으로 새로운 현재를 만들어 가는 시간적 창조행위라 할 수 있다.

결국, 살아있는 유산은 과거의 가치가 현재를 비추는 거울이자, 미래로 이어지는 다리이다. 시간은 유산을 단지 오래된 것으로 남겨두지 않고, 지속되는 것으로 만든다. 과거가 박제된 채 멈춰 있는 것이 아니라 오늘의 삶을 움직이는 힘으로 다시 작동할 때, 그 유산은 더 이상 '옛것'이 아닌 '지금의 우리'가 된다. 유산은 시간 속에서 살아있을 때, 비로소 유산이 된다.

나가며

오래된 성벽 앞에 서거나 손때 묻은 도자기를 어루만질 때 우리가 느끼는 것은 단순한 향수가 아니다. 그 안에 스며든 시간, 그리고 그 시간을 살아낸 사람들의 숨결이다. 유산은 과거의 시간이 현재에 머물러 숨 쉬는 자리이며, 시간을 응축한 형태이자 시간의 연속성을 이어주는 다리이다. 우리는 그 다리 위에서 과거를 다시 읽고, 다시 해석하며, 다시 의미를 부여한다.

유산은 시간이 만든 결과물이다. 수많은 세대의 선택과 포기, 지속과 변형의 과정이 그 안에 층층이 쌓여 있다. 그러므로 유산은 단순히 남겨진 것이 아니라, '시간이 형상을 얻은 것'이라 할 수 있다. 동시에 유산은 과거를 현재로 이끄는 매개로서, 흘러가는 시간 속에서도 무언가가 완전히 사라지지 않도록 붙잡아 두는 장치이기도 하다.

그러나 유산은 과거의 고정된 기억이 아니다. 우리가 과거를 바라보는 관점은 시대마다 달라지고, 전승의 방식도 공동체의 감수성과 사회의 변화 속에서 새롭게 재구성된다. 따라서 유산은 보존된 과거가 아니라 '해석되는 과거, 다시 살아나는 과거'이다. 유산은 시간이 흐를수록 다른 얼굴을 드러낸다. 의미가 덧입혀지고, 때로는 벗겨지고, 새로운 의미의 결이 더해진다. 바로 이 지점에서 유산은 살아있는 시간이 된다.

과거는 우리 곁을 떠나지 않는다. 그것은 지금의 삶 속에서 다른 모습으로 계속해서 말을 건넨다. 우리는 유산 앞에서 시간을 본다. 그리고 그 시간 속에서 우리가 누구였는지; 지금 어디에 서 있는지, 앞으로 어디로 가야 하는지를 다시 배운다. 유산은 과거의 잔영이 아니라, '현재의 시간을 통과하여 미래의 시간으로 이어지는 살아있는 다리'다.

<참고문헌>

- 강동진, 2020, "근대기 세계유산에 대한 판단"『세계유산의 새로운 해석과 전망』. (사)이코모스 한국위원회 창립 20주년 기념호, pp.97~142.
- 이현경·손오달·이나연, 2019, "문화재에서 문화유산으로: 한국의 문화재 개념 및 역할에 대한 역사적 고찰 및 비판",『문화정책논총』33권 3호. pp.5~29.
- 이혜은·강동진, 2024,『세계유산』, 커뮤니케이션북스.
- Spencer, Terence, 1966, "The Race to Save Abu Simbel Is Won", *Life magazine*, December 2, 1966.

조봉권

1970년 8월 15일 경남 진해에서 태어났는데, 일곱 살 때 부산 와서 줄곧 부산
원도심에서 살고 있다. 부산대에서 사회복지학을 전공하는 행운을 누렸다. 남
을 도우려 애쓰고 우리 사회를 생각하면서 자기를 돌아보는 학문이 사회복지학
이었다. 그러나 성적은 나빴다. 부산대 영어신문사 편집국장과 간사를 지냈다.
1995년 국제신문에 입사해 2025년 현재 31년차 기자가 됐다. 등산·여행·레저
담당 기자로 뛴 2년 3개월이 가장 행복했다. 그때 『신근교산』이라는 책을 냈다.
문화부 기자, 문화부장, 문화전문기자 등 문화·예술 부문 취재를 20년 이상 했
다. 선임기자, 편집부국장을 지냈다. 현재는 국제신문 부국장 겸 문화라이프부
선임기자로 있다. 부산대 예술문화와 영상매체 협동과정 대학원 미학 석사 과정
에서 공부했으나 학위는 못 받았다. 제1회 효원 언론인상, 한글학회부산지회 공
로상, 라이온스봉사대상 언론 부문상, 부산시조시인협회 공로상, 이병주기념사
업회 공로상 등을 받았다. 현재 인문 무크지 『아크』 편집위원이다.

모든 게 '시간문제'였다니!

시간의 식성

내 삶을 그래프로 표현할 수 있다면, 그게 몇 차원 그래프이든 시간은 굳건한 Y축이다. 시간이라는 Y축의 영역에서 내 삶은 한 치도 한 발짝도 벗어날 수 없다. 막연하던 '절대성' 개념이 시간에 관해 잠깐 생각해 보았더니, 금방 실감 났다.

박목월 시인의 추천으로 1969년 '현대문학'을 통해 등단한 유승우 시인의 시 「시간의 식성」이 떠올랐다. 내 기록과 메모를 뒤져보니 이 시를 처음 읽은 때는 2010년 이전이다. 그새 시간이 많이 흘렀다. 시간의 더께를 뚫고 이 시가 생각났다.

시간의 식성

유승우

시간은 못 먹는 게 없다.
바위도 오래오래 씹으면
그 단단한 육질이 무너진다.
63빌딩이나 청와대도 아마
한 천년이나 이천년쯤 씹으면
시간의 입 속에서 녹아버릴 것이다.
내가 생각하기엔 무엇보다도
시간이 가장 잘 먹어치우는 것은
여인과 꽃의 아름다움일 것이다.
그러나 시간이 먹을 수 없는 게 있다
삼킬 수도 없으며, 소화할 수도 없다.
2천년이 넘도록 씹었지만 씹으면 씹을수록
시간의 입 속에서 더욱 크게 불어나
빛과 향기로 온 세상을 덮는다.
공자나 석가나 예수의 이름이다.
그 사랑의 향기다.

15년도 더 전에 이 시를 처음 읽었을 때 제목과 앞 대목에 꽤 충격받았다. '시간의 식성'이라는 표현에 압도됐고, '시간은 못 먹는 게 없다'는 시구 앞에서는 전율했다. 좋은 표현을 만났다는 쾌감과 함께 어쩐지 도망칠 곳이 없다는 느낌이 들었다.

그때는 이 시 뒷부분은 별로 주목하지 못했다. 지금은 '…씹으면 씹을수록/ 시간의 입 속에서 더욱 크게 불어나/ 빛과 향기로 온 세상을 덮는다'는 시인의 메시지에 크게 공감한다.

전성기

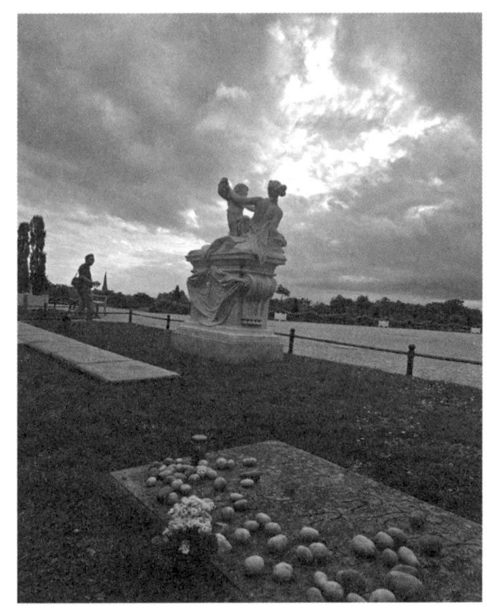

／ 독일 포츠담의 명소 상수시 궁전에 있는 프리드리히 대왕의 무덤. 그는 프로이센 국민에게 감자를 널리 보급한 공로가 있다. 그래서 지금도 사람들은 그의 무덤에 감자를 가져다 놓는다.

요즘 내가 푹 빠진 개념은 전성기이다. 올해 9월 독일 출장을 다녀온 여파로 지금 읽는 책이 역사학자 팀 블래닝Tim Blanning이 쓴 『프리드리히 대왕』Frederick the Great: King of Prussia이다. 이번 독일 출장을 통해 뼈저리게 느낀 게 있다. 내가 프로이센또는 프러시아 왕국에 관해 아무것도 몰랐다는 사실이다.

아직 프로이센 역사에 관해 사실상 아는 게 없는 단계이지만, 『프리드리히 대왕』이라는 책을 읽어 나가면서 받은 느낌 그리고 그 느낌을 바탕으로 세운 가설은 이런 방향이다. '프로이센 역사를 모르면 근대 유럽 역사를 도저히 이해할 수 없겠구나.' '유럽 근대 역사를 이해하지 못하면, 당시 근대 유럽이 왜 그토록 강해져서 세계를 제패했는지 실마리를 찾을 수 없겠구나.' '그렇게 된다면 역사 독서와 역사 공부의 고갱이는 놓치는 게 아닌가.'

사실, 나는 어떤 나라·집단·세력이 '어떻게 그렇게 강해질 수 있었을까? 어떻게 그렇게 높이 발전할 수 있었을까?' 하는 주제에 관심이 많다. 대체로 많은 요소와 다양한 주체가 섞여 있을 때 급속한 발전을 이루는 것 같았다.

중국 춘추시대와 전국시대가 그렇다. 이쪽을 치려고 하면 저쪽에서 쳐들어오고 약한 나라다 싶어서 덤벼들면 여러 약한 나라가 동맹을 맺어버린다. 수많은 요소, 다양한 주체가 뒤섞여 있을 때 전쟁·외교·과학·기술·제도·경제정책·뇌물·예술·문화가 폭발하듯 발전한 사례가 춘추시대·전국시대다. 한국은 고구려· 백제·신라·가야가 부대끼고 쟁패할 때 그랬을 터이고, 일본은 전국시대 때 그랬을 것이다. 그러니 국가·집단·세력은 생존하려 면, 발전하려면 열린 상태를 유지하면서 다양한 요소를 받아들 이는 철학이나 태도가 있어야 한다.

프로이센이 꼭 그러했다. 여러 요소와 다양한 주체가 '오골 오골' 복잡다단하게 얽히고설킨 유럽 안에서도 독일 지역은 그 정도가 더 심했는데, 프로이센은 그런 독일 지역에서 맏형이었 다. 프로이센 왕국의 세 번째 왕인 프리드리히 2세프리드리히 대 왕·Frederick the Great는 온갖 고통과 역경을 거쳐 왕으로 즉위하 자마자 전쟁을 일으켜 남의 땅인 슐레지엔영어로 실레지아 지역을 점령해 버린다.

강력한 합스부르크 왕가가 지배하던 오스트리아의 슐레지엔 을 뺏어버린 일은 프로이센이 유럽의 강대국으로 발돋움하는 데 가장 큰 밑천이 된다. 슐레지엔 점령은 프리드리히 대왕의 최 고 업적으로 꼽힌다. 이 '과감한' 전쟁을 일으켰을 때 대왕은 28 세였다.

문득 이순신 장군이 전사했을 때 만 53세, 세종대왕이 돌아가 셨을 때 만 52세였다는 기록도 떠올랐다. 내가 이미 55세가 됐 다는 엄연한 사실도 돌이켜보게 됐다.

전성기가 뭘까? 그건 언제 올까? 시간에 관한 내 관념과 감각과 의견은 유목민보다 농부 쪽에 훨씬 가까웠다는 생각이 화들짝 들었다. '농부가 씨를 뿌려 흙으로 덮은 뒤에 발로 밟고 손뼉치며 사방을 둘러보기'를 반복하다 보면 시간이 흐르고 쌓여 더 많이 수확할 수 있고 그 사이 농부는 더 많은 지혜를 가져 더 현명해진다고 믿는 관념이다.

이게 아닌 것 같다. 내가 틀렸다. 나이 많고 경력이 긴 기자임을 신문사가 공인하는 직함인 '선임기자'로 발령 난 뒤로 이런 생각은 더 확고해졌다. 입사 연도가 나보다 10년쯤 늦은 후배들이 데스크_{신문사 편집국의 부장} 일을 훨씬 잘한다. 경력과 시간이 쌓인다고 일을 더 잘하는 건 확실히 아니다.

그래서 돌이켜봤더니 문화와 예술 분야 담당 기자로서 이른바 내 '전성기'는 40세 안팎, 길게 잡아도 45세 이전이 아니었던가 싶다. 쉽게 말해, 지나갔다. 내가 할 일은 전성기를 맞은, 나보다 연차나 나이가 적은 기자들의 '전성기'를 바라보며 눈부셔하면서 그들이 필요로 할 때 도움도 줘가며 함께 일하는 게 아닐까 싶다.

"시간은 흐르지 않는다. 쌓인다"라는 격언이 있다. 이게 만약 연공서열 같은 것을 뜻하는 용례로 쓰인다면, 이 말도 의심할 테다. 요컨대 시간의 흐름과 쌓임이 내게 자동으로 지혜나 경험치,

실력 같은 걸 선사할 수 있다는 내 오랜 착각과 나는 이별하고 싶다. 그 생각을 잘라내고 싶다.

유학에는 기독교의 하느님_{하나님}이나 원죄 같은 절대자·절대성을 연상케 하는 개념이 많지 않아 그런지, 사람이 현실에서 부딪히게 마련인 장벽이나 한계를 인정하는 분위기가 있음을 느낀다. 이상을 추구하다가 실패하거나 한계를 절감할 때 '어? 너 실패했어? 그러면 또 시도해 봐. 더 노력해 봐. 아직 기회는 있어!' 하고 말해주는 원리가 작동하는 것 같다.

그런 원리가 잘 농축된 유학의 격언이 있는데, 이 또한 시간과 관계가 깊다. 바로 '일신우일신日新又日新'이다. 모르기는 해도, 숨통을 틔워주는 '일신우일신'이라는 철학 원리가 없다면, 유학 자체가 자빠질 수도 있다. 내 생각엔 생각보다 중요한 원리다.

그래서 결론은 이렇다.

전성기고 뭐고, 닥치고 일신우일신!

진화생물학

내게는 틈날 때마다 궁굴려 보는 오래된 궁금증이 있다. 왜 사람은 산꼭대기에 올라가 일망무제一望無際로 열린 경치를 보면 '시원하다'고 느낄까? 우리는 왜 그렇게 진화했을까? 어두운 땅속에 사는 두더지가 그런 산 정상에 선다면 아마 죽음의 공포를 느낄 텐데….

사람이 사냥하는 존재로 진화했기 때문에 그런 게 아닐까? 먹고 살려면 사냥해야 하고, 사냥하려면 사냥감을 포착해야 하고, 사냥감을 찾으려면 시야가 넓게 열리는 곳이 유리하고, 그래서 높은 곳으로 오르고….

수백만 년에 걸쳐 이 과정이 무한 반복되다 보니 경치가 탁 트이는 높은 데 올라가면 시원하다고 느낄 뿐 아니라 호연지기까지 기르는 단계로 진화하지 않았을까 하는 가설이다. 이런 성격의 질문은 더 많이 떠올려 볼 수 있다.

20여 년 전 영국 런던 피커딜리 광장Picadilly Circus에 처음 가 봤다. 예상보다 광장은 작았고, 짐작보다 사람은 훨씬 많았다. 세계 모든 인종이 이 작은 피커딜리 서커스에 다 모인 게 아닐까 싶었을 만큼, 피부색들이 다양했는데 모든 이가 예외 없이 당시 여행자의 필수품이던 디지털카메라를 들고 사진을 찍고 있었다.

이 사람들 왜 이러지? 세상 모든 인종이 다 모인 듯한 이 유명한 광장에서 모든 이가 카메라로 그 장소를 찍거나 기념 촬영을 하는 똑같은 행동을 하는 점이 신기했다. 이 궁금증 앞에서도 진화가 생각났다. 사람은 자기가 중요하다고 여기는 정보를 어떤 행태로든 기록하고 저장하려는 본능이 있다는 소결론에 닿았다. 아마 수백, 수십만 년 동안 그렇게 진화했을 것이다.

유발 하라리의 저서 '사피엔스'에서 '뒷담화 이론'The Gossip Theory이란 걸 만났을 때 무릎을 쳤다. 하라리는 인간의 언어가 복잡하고 추상적인 개념보다는 '개인적인 정보'를 교환하면서 발달했다고 했다. 마을 여러 사람이 각각 사자를 한 마리 봤는데, 함께 모여 저 사자를 사냥하는 게 좋을지, 위험하니 도망치는 게 좋을지, 그냥 두는 게 좋을지 결정하는 과정에서 각자가 가진 정보를 말하는 뒷담화가 중요한 구실을 했다는 주장이다.

그 뒷담화가 바로 '정보'이고, 피커딜리 광장에 모인 다양한 인종이 예외 없이 사진을 찍는 모습은 바로 그런 정보를 기록하고 저장하려는 사람의 '본능'이 진화의 산물임을 설명해 준다. 이게 내가 세운 가설이었다.

진화생물학은 인류가 어떤 존재인지 파고드는 학문이기도 하다. 그런 점에서 인문 고전 또한 비슷한 기능이 있다. 인문 고전은 인간이 어떤 존재인지 파악하고자 파고든 노력의 성과다. 그래서 나는 인문 고전과 진화생물학이 만나면, 인간과 세상에 관한 공부의 효율이 엄청나게 올라가리라고 믿는다.

그런데 두 영역의 '시간대'가 다르다. 진화생물학은 길게는 수십억 년 전으로 거슬러 올라가고 수백, 수십만, 수만 년을 오간다. 인문 고전은 대체로 수천 년 단위로 볼 수 있다. 인간을 이해하는 탐구와 공부에서는 이토록 다른 두 시간대를 융합해 가며 접근할 필요성을 느끼는데, 이 또한 '시간'에 관한 내 궁리이자 고민 중 하나여서 이렇게 토로한다.

봉기 씨

봉기 씨는 내 친형이다. 1호·2호·3호로 이뤄진 우리 삼 형제 중 봉기 씨는 언제나 제1호라는 임무를 맡아 분투했다. 1968년생이니 나보다 두 살 많다. 이 '두 살 차이'가 내게는 엄청난 행운이었다. 봉기 씨는 언제나 나보다 시간을 2년 앞서 살면서 경험을 축적했다. 그리고 그 경험을 고스란히 내게 전해주었다.

내가 초등학교 4학년일 때 같은 학교 6학년이던 봉기 씨는 슬기로운 초등 생활에 관한 어마어마한 경험치와 데이터베이스를 내게 물려주었고, 내가 중학교 1학년일 때 같은 학교 3학년이던 봉기 씨는 어떤 선생님이 무서운지 어떤 선생님이 양처럼 온순한지, 사나운 선생님을 어떻게 피할지, 손바닥이나 엉덩이를 맞을 때는 어떻게 대처하면 덜 아픈지 모든 걸 알려줬다. 나보다 고등학교와 대학교를 각각 2년 먼저 가서 그 세계에 관한 수많은 정보를, 유발 하라리의 글에 나오는 뒷담화 이론처럼 전수해주었다.

집안에 슬픈 일, 기쁜 일이 닥쳤을 때 언제나 '제1호'는 대표로 나가 상주가 되고, 장남이 되고, 책임자가 되어 모든 일을 해냈으므로 나는 걱정할 게 없었다. 이런 일이 참 많았다. 돌이켜보니, 이 모든 게 내게는 어마어마하게 큰 도움이 됐다.

봉기 씨는 나보다 '시간을 2년 앞서 달리는 소년'이 되어 성장의 고비마다 내게 큰 선물을 주었다. 그런 봉기 씨가 병이 나서 위중한 상태가 되고 보니, '시간을 2년 앞서 달리며' 동생들을 위해 풍파를 다 받아낸 그 세월이 새삼스럽게 더 고맙다.

시간에 관해, 에세이를 쓰는 기분으로 이 글을 쓰면서 나는 '시간을 앞서 달려준' 그에게 경의를 표한다.

시간의 식성을 다시 생각한다.

박병순

노화는 자연스러운 현상이지만, 그 속도를 결정짓는 '염증'은 조절할 수 있다는 확신으로 연구와 임상에 몰두해온 의사이자 과학자다. 서울대학교 의과대학을 최우등으로 졸업하고 서울대학교병원에서 피부과 전문의가 되었으며, 고려대학교 대학원에서 미생물학 박사학위를 받았다. 20여 년간 줄기세포와 미생물 면역학을 접목해 연구하며, 피부·면역·신경계를 아우르는 노화의 메커니즘을 탐색해 왔다.

서울대 의대에서 겸임·초빙 조교수로 재직하며, 세계 최초로 줄기세포를 이용한 피부 노화 개선 논문을 발표했다. 또한 줄기세포와 피부 관련 국내외 특허를 25건 이상 출원하고, 미국 피부노화 교과서 집필에도 참여하는 등 학문적 기여를 이어왔다. 최근에는 피를 맑게 해 미토콘드리아에 휴식을 주고 염증 지수를 낮추는 탈노화 치료법 특허를 준비 중이다. 이와 관련하여 세계적 노화 권위자 니르 바질라이 교수와 의견을 나누기도 했다.

저서로『내 친구는 왜 젊어 보일까』『압구정 피부과 박병순의 동안 피부 솔루션』『염증 노화』가 있으며, 현재 셀파크피부과 원장으로 있다.

시간과 나이듦의 방식
: 피와 염증 노화, 그리고 리듬에 관한 에세이

시계의 시간, 몸의 시간

우리는 시간을 생각할 때 시계를 본다. 초침은 정직하게 앞으로만 움직인다. 그 단순한 움직임은 인간을 시간에 길들이는 가장 강력한 장치였다. 우리는 시간을 흘러가는 강물로 배웠고, 그 강은 멈추거나 되돌릴 수 없다고 믿었다. 그러나 몸의 시간은 다르다. 몸은 낮과 밤, 배고픔과 포만, 긴장과 이완, 홀로와 함께의 리듬을 따른다.

나이를 먹는다는 건 이 리듬이 조금씩 변해가는 과정이다. 젊은 날엔 하루가 길었지만, 나이가 들수록 하루는 짧고 빠르다. 하지만 이것은 단순한 심리적 착각이 아니다. 몸의 시계가 사회의 시계시계탑의 시계, 스마트폰의 알람와 미묘하게 어긋나기 시작하기 때문이다. 노화란 시간을 잃는 게 아니라, 시간을 몸 안에 저장하는 과정이다.

그 저장의 방식은 꺼지지 않는 장작불 같다. 처음엔 따뜻함을 주지만, 오래가면 서까래를 그을린다. 생명을 보호하려는 염증의 불이, 서서히 우리를 닳게 만든다. 이것이 바로 염증 노화다. 이 글은 그 불을 없애기보다 조율하는 기술에 대한 이야기다. 불의 세기를 줄이고, 리듬을 되찾는 일. 그것이 우리가 시간을 다루는 새로운 방식이다.

시간을 만든 사회, 시간을 잃은 인간

1. 시계의 발명과 시간의 정치학

인류의 첫 시계는 하늘이었다. 태양의 그림자가 짧아졌다 길어지는 해시계, 물이 떨어지는 물시계, 모래가 흐르는 모래시계가 우리의 하루를 나누었다. 이때의 시간은 흐름이 아니라 호흡이었다.

그러나 산업혁명 이후, 시간은 돈이 되었고, 시계는 규율이 되었다. 공장의 사이렌은 인간의 리듬을 톱니바퀴의 리듬에 맞췄다. 역사가 E.P. 톰슨Edward Palmer Thompson은 이를 '시간 규율time discipline'이라 불렀다. 사람들은 태양이 아니라 시계의 눈금에 맞춰 일하고 쉬게 되었다.

그 순간부터 인간은 사회가 정한 시간과 몸이 기억하는 시간 사이에서 흔들리기 시작했다. 몸의 시계는 여전히 새벽의 빛, 배고픔의 신호, 졸음의 무게로 하루를 짓고 있었지만, 사회의 시계는 그것을 무시했다. 결과는 단순했다. 피로였다.

이때의 전환을 상징적으로 보여주는 이야기가 있다. 19세기 런던의 한 섬유 공장은 근무시간을 관리하기 위해 '시간 감시관 timekeeper'을 두었다. 그는 근로자들의 출근을 기록하고, 지각이 반복되면 임금을 깎았다. 공장 밖의 세계는 여전히 태양으로 하루를 재고 있었지만, 그 안에서는 이미 인간이 기계의 박자에 맞춰 살아야 했다. 몸은 점점 시계를 따라가야 하는 생리적 훈련의 대상이 되었다.

2. 시계탑의 시대에서 손목의 시대까지

19세기 영국 철도의 '표준시Standard Time'는 인류의 시간을 하나로 묶었다. 20세기 손목시계는 그 시간을 개인화시켰다. 언제 어디서든 시간을 확인할 수 있게 되었지만, 동시에 시간의 감옥에 들어섰다. 손목 위의 시계는 효율의 상징이자 불안의 장치였다.

"시간을 절약하라"는 구호는 아이러니하게도 시간을 빼앗는 명령이었다.

21세기 스마트워치는 이 감시의 정점을 찍었다. 우리의 심박,

수면, 걸음 수까지 실시간으로 기록된다. 그러나 데이터가 많아질수록 리듬은 잃어간다. 시계는 정확해졌지만, 몸은 자주 틀린다. 정확함과 생명력은 언제나 다른 리듬에 산다.

철학자 베르그송Henri Bergson은 이렇게 말했다. "시계가 재는 시간은 공간화된 시간이다. 그러나 우리가 사는 시간은 지속durée이다." 시계가 재는 시간은 바깥의 속도이고, 몸이 사는 시간은 안쪽의 밀도다. 시계는 일정한 간격으로 똑딱거리지만, 인생의 시간은 어느 날 빠르게, 또 어느 날 느리게 흐른다. 그것이 살아 있는 시간의 진짜 리듬이다.

피의 역사, 젊음을 마시던 시대에서 피를 만드는 시대까지

1. 검투사의 피, 젊음의 착각

로마의 원형경기장, 인간의 생명력이 불꽃처럼 타오르던 곳. 전설에 따르면 관중들은 경기 뒤 쓰러진 검투사의 피를 병에 담아 마셨다. 피에는 용기와 젊음, 불굴의 생명력이 깃들어 있다고 믿었기 때문이다. 피는 생명과 젊음의 은유였다.

그러나 그 피를 마신 자들의 몸이 젊어졌다는 증거는 없다. 남은 건 욕망의 서사뿐이다. 인간은 여전히 젊음을 원하고, 그 젊음을 타인의 피, 기술의 피, 데이터의 피로 얻으려 한다. 피는 변하지 않았다. 다만 우리가 그것을 대하는 윤리와 상상력이 변했을 뿐이다.

고대의 피는 신성했지만, 근대의 피는 실험대에 올랐다. 1667년 프랑스의 장-바티스트 드니Jean Denis는 양의 피를 사람에게 주입하는 이종 수혈을 시도했다. 그가 바란 것은 생명의 연장이었다. 그러나 결과는 죽음이었다. 젊음을 피로 교환하려는 욕망은 그렇게 무너졌다.

2. 하비의 혁명, 피의 순환

17세기 의사 윌리엄 하비William Harvey가 피의 순환을 증명했을 때, 인류는 처음으로 '시간이 순환한다'는 사실을 몸 안에서 발견했다. 피는 돌고, 다시 돌아온다. 그것은 생명이라는 거대한 시계의 바늘이었다.

하비의 발견은 인류의 세계관을 바꿨다. 인간의 몸은 더 이상 신의 신비가 아니라 하나의 리듬 구조가 되었다. 그는 이렇게 말했다. "심장은 시계추처럼 뛴다." 생명은 그 시계가 만들어내는 규칙적인 진동 위에서 유지된다.

우리가 늙는다는 건 그 진동이 서서히 변조되는 일이다. 리듬이 느려지고, 박자가 흐려질 때, 생명은 다른 속도로 살아간다.

3. 피의 욕망에서 피의 윤리로

피의 상상력은 때로 잔혹했다. 교황 이노첸시오 8세Papa

Innocenzo VIII가 젊은 소년의 피를 마셨다는 전설하지만, 이 이야기에 대한 증거는 신뢰할 수 없고, 아마도 만들어진 소문일 것으로 추정된다., 헝가리 백작부인 엘리자베트 바토리Elizabeth Báthory가 처녀의 피로 목욕했다는 신화, 루이 14세 시대 드니의 양 피 수혈 실험까지 모두 '젊음은 피에 있다'라는 믿음의 변주였다.

그러나 그 믿음은 끝내 실패했다. 타인의 피로는 젊음을 얻을 수 없었다. 젊음은 순환이지, 주입이 아니다.

현대에 와서 과학은 그 신화를 다른 방식으로 되살린다. 늙은 쥐와 어린 쥐를 이어놓는 이종연령 생체접합Heterochronic Parabiosis 실험은 혈액 속 신호가 노화를 조절한다는 가능성을 보여주었다. 그러나 결정적인 것은 '젊은 피'가 아니라 늙은 피의 억제 신호를 줄이는 일이었다. 젊음은 타인의 것이 아니라 자신의 핏속에서 다시 조율되는 리듬임이 드러난 셈이다.

4. 근육의 피, 엑서카인Exerkine의 발견

오늘날 그 신호의 주인공은 피가 아니라 근육이다. 운동할 때 근육이 분비하는 수많은 화학적 메시지들엑서카인 Exerkine이 혈액을 타고 전신으로 흘러간다. 그들은 뇌를 깨우고, 염증을 낮추며, 세포의 회복을 촉진한다.

고대 로마인이 검투사의 피에서 생명력을 얻으려 했다면, 현대인은 자신의 운동하는 핏속에서 그것을 만든다. 피는 여전히 젊음의 매개지만, 이제는 스스로 만들어내는 생명력이 되었다.

운동은 피의 언어를 바꾸는 일이다. 뛰는 심장은 혈관 속에 새로운 문장을 쓴다. 그 문장은 이렇게 말한다.

'나는 움직인다, 그러므로 나는 아직 젊다.'

염증노화, 불필요한 가속을 멈추는 기술

1. 불이 너무 오래 타면

염증은 생명의 증거다. 상처가 낫고, 세균이 제거되는 과정에서 불은 반드시 필요하다. 문제는 그 불이 꺼지지 않고 오래 남을 때다. 몸의 내부에서 끊이지 않는 미세한 열, 그것이 '염증 노화inflamm-aging'다.

현대인은 하루 종일 경계 태세에 있다. 과로, 수면 부족, 끊임없는 알림과 스트레스가 몸을 깨운 채로 둔다. 이때 몸은 불을 끄지 못하고, 서서히 그을린다. 현대의 불은 눈에 보이지 않는다. 이메일 알림, 끝나지 않는 업무, 잠들기 전의 푸른 빛, 이 모든 것이 피 안의 불씨를 지피고 있다.

2. 리듬을 잃은 불

염증 노화는 리듬의 상실이다. 불은 꺼지고 켜져야 한다. 낮에는 활발히 타오르고, 밤에는 재가 되어 식어야 한다. 그러나 현대의 시계는 밤에도 깨어 있다. 인공의 빛이 밤을 잠식하고, 음식과 소음이 하루의 경계를 흐린다. 이렇게 시간의 경계가 무너지면, 염증의 불도 꺼질 때를 잃는다.

과거 농부의 하루는 해가 지면 끝났다. 몸의 시계와 자연의 시계가 일치했다. 오늘 우리는 기술로 밤을 낮처럼 만들었고, 대신 불면과 피로, 염증이라는 대가를 치른다. 빛의 혁명은 어둠의 상실이기도 했다.

3. 느림의 기술

불을 끄는 법은 거창하지 않다. 그것은 속도의 기술이다.

아침에는 커튼을 열고 자연광을 맞이하라. 한 시간마다 잠시 몸을 일으켜 움직여라. 밤에는 화면을 닫고 어둠을 맞이하라. 일관된 수면 시각, 천천히 먹는 식사, 규칙적인 걸음. 이 단순한 습관들이 불을 식힌다. 중요한 건 완벽이 아니라 반복이다. 불은 한 번에 꺼지지 않는다. 리듬이 돌아올 때, 불은 잦아든다.

이것은 단지 건강의 조언이 아니다. 삶의 미학이다. 일본의 도공들이 깨진 도자기를 금으로 잇는 긴츠기金継ぎ의 철학깨진 도자기를 숨기지 않고 금이나 은으로 그 흠을 장식해 불완전함과 손상된 역사를 새로운 아름다움으로 승화시키는 것이다. 이는 결점을 긍정하고, 변화를 받아들이며, 그 안에 담긴 시간과 스토리를 소중히 여기는 태도를 담고 있다.처럼, 느

림은 균열을 감추지 않고 빛으로 바꾸는 기술이다. 우리의 시간
도 마찬가지다. 너무 빠르게 달리면 깨지고, 너무 오래 식으면
꺼진다. 중요한 건 불의 온도를 아는 일이다.

시간을 저장하는 인간

시간은 여전히 앞으로만 간다. 그러나 그 속도는 우리가 정한다.
벽의 시계는 초를 세지만, 몸의 시계는 리듬을 센다.

과거의 인간은 젊음을 위해 피를 마셨고, 현대의 인간은 젊음
을 위해 몸을 움직인다. 불을 없애려 애쓰기보다, 불의 세기를 조
절하는 일, 그것이 시간과 나이듦의 방식이다.

오늘 밤 불을 끄는 시각, 내일 아침 햇빛을 맞는 각도, 점심을
먹는 자리의 밝기, 이 작은 선택들이 쌓일 때, 당신의 하루는 한
시간씩 빨리 늙는 몸이 아니라, 한 시간씩 선명해지는 몸이 된다.

젊음은 핏속에만 있는 것이 아니다. 시간을 저장하는 방식,
그 자체가 젊음이다.

'과거의 인간은 피를 마셔 젊어지려 했고,

현대의 인간은 근육을 움직여 피를 젊게 만든다.

시간은 여전히 흐르지만,

그 흐름의 리듬은 우리가 정한다.'

아크 ARCH-

공존을 위한 인문 무크지
11 시간

© 2025, 상지인문학아카데미 Sangji Humanities Academy

글쓴이	강동진 김광석 김민환 김종기 류영진 박병순 박영신 심상교 이성철 장현정 전이섭 정 훈 조봉권 조재휘 차윤석 최종엽 최진석
초판 1쇄	2025년 12월 30일
발행인	허동윤
고 문	이성철
편집장	고영란
편집위원	장현정 정 훈 조봉권 차윤석
도 움	서동하 김혜진
디자인	김희연
발 행 처	㈜상지엔지니어링건축사사무소
잡지등록	2024년 6월 23일 (수영, 사00006호)
출판등록	2025년 12월 29일 (제 325-2025-000005호)
주 소	부산광역시 중구 자갈치로42 신동아빌딩 5층
전 화	051-240-1527~9
팩 스	051-242-7687
이메일	sangji_arch@nate.com
출판·유통	(주)호밀밭 homilbooks.com
정기구독문의	051-240-1526, 1529 (연 2회 발행)
ISBN	979-11-996766-0-2 (03060)
ISSN	3025-308X (11)

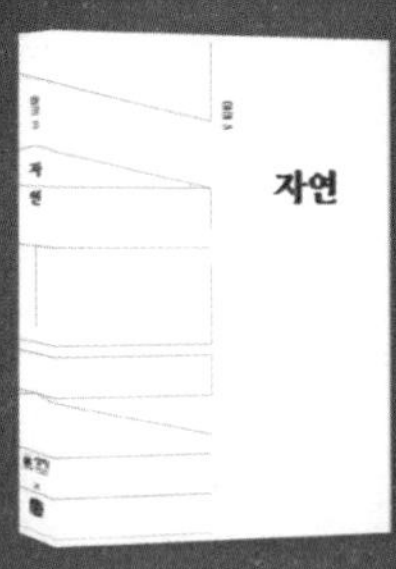

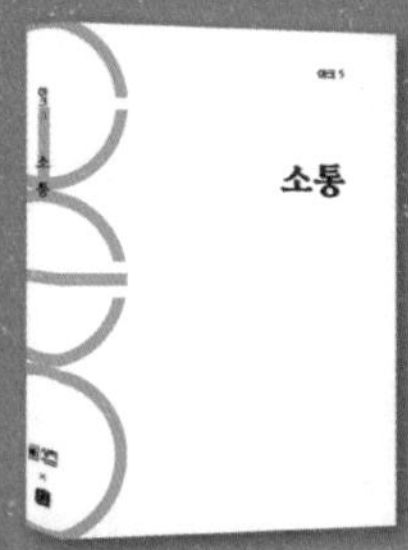

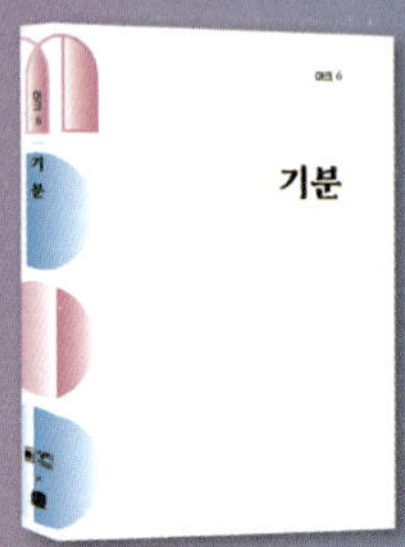

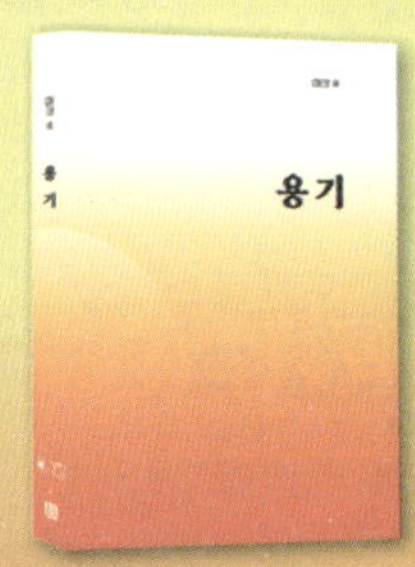

5/28(수)
퍼펙트 데이즈
Perfect Days
2024년 개봉 | 일본 | 빔 벤더스 감독 | 124분

진행 | 장현정 (주)호밀밭 대표

6/18(수)
콘클라베
Conclave
2025년 개봉 | 영국, 미국 | 에드워드 버거 감독 | 120분

진행 | 김수환 부산가톨릭대학교 교수 · 신부

7/23(수)
괜찮아 괜찮아 괜찮아!
It's Okay!
2025년 개봉 | 한국 | 김혜영 감독 | 102분

진행 | 김은정 영화평론가

8/20(수)
하얼빈
Harbin
2024년 개봉 | 한국 | 우민호 감독 | 114분

진행 | 고지훈 국사편찬위원회 편사연구관

9/18(목)
고독한 미식가 더 무비
The Solitary Gourmet
2025년 개봉 | 일본 | 마츠시게 유타카 감독 | 110분

진행 | 박찬일 요리사 · 에세이스트

10/22(수)
존 오브 인터레스트
The Zone of Interest
2024년 개봉 | 미국, 영국, 폴란드 | 조나단 글레이저 감독 | 105분

진행 | 전진성 부산교육대학교 교수 · 역사학자

11/19(수)
새벽의 모든
All the Long Nights
2024년 개봉 | 일본 | 미야케 쇼 감독 | 119분

진행 | 조재휘 영화평론가

12/17(수)
화이트 버드
White Bird
2025년 개봉 | 미국 | 마크 포스터 감독 | 121분

진행 | 곽한영 부산대학교 교수 · 법교육학자

1/21(수)
숨
Breath
2025년 개봉 | 한국 | 윤재호 감독 | 72분

진행 | 천정환 성균관대학교 교수 · 문화학자

2/11(수)
할머니가 죽기 전 백만장자가 되는 법
How to Make Millions Before Grandma Dies
2024년 개봉 | 태국 | 팟 부니티팻 감독 | 126분

진행 | 류준필 서울대학교 교수 · 고전문학연구자

3/18(수)
플로우
Flow
2025년 개봉 | 라트비아, 벨기에, 프랑스 | 긴츠 질발로디스 감독 | 85분

진행 | 김찬휘 위드위드 대표

4/22(수)
목소리들
Voices
2025년 개봉 | 한국 | 지혜원 감독 | 89분

진행 | 박형준 부산외국어대학교 교수 · 문학평론가

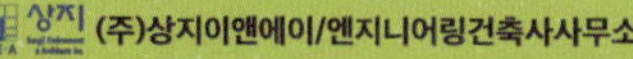

SINCE 1974, 삶과 사람 속 상지건축 50년
"상지는 아름다운 세상을
만들어 갑니다"
금샘도서관
부산다운 건축상 수상(2021)

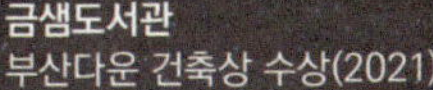

ARCH- 아크

아크 홈페이지 오픈!

2020년부터 차곡차곡 쌓아온 소중한 글들,
그 깊이 있는 사유와 이야기를 더 많은 분들과 함께 나누고 싶었습니다.

인문학 강좌를 듣고
인문 무크지 『아크』를 읽고
최신 강의 소식을 확인할 수 있습니다.

함께 만드는 아크 구독 서비스(월 1,000원)
선한 영향력을 넓히는 인문학 생태계, 여러분의 구독으로 시작됩니다

www.archsangji.com